吉田幸弘
Yukihiro Yoshida

誰でもすぐ使える雑談術

初めのひとことがうまく言えるコツ

さくら舎

はじめに

「良好な人間関係を構築するには雑談上手だといい」ということがわかっている人は多いでしょう。

ここで質問があります。その雑談上手な人というと、どんなイメージがありますか。

次のようなイメージを持つ人が多いのではないでしょうか。

「常に最新のニュースをチェックしている話題豊富な人」
「いつも周囲に人が集まる、みんなを楽しませてくれるお笑い芸人のような面白い人」
「映画や音楽など、定番モノから流行モノまで詳しい人」
「グルメ好きで美味しいお店に詳しく、ワインを片手にうんちくをスマートに語る人」
「平日は遅くまで飲みに行き、休日はアウトドアに行くアクティブな人」
「アナウンサーのようにスマートで流暢《りゅうちょう》に話す人」

確かにこれらの人たちは雑談上手と言えるかもしれません。

かつての私は、このように人を引き寄せる方をうらやましく思っていました。

雑学大百科も買いましたし、映画を年に１００本観たときもありましたし、毎週のように美味しいレストランに通ったこともあれば、マリンスポーツに挑戦したこともありました。

そうです。雑談上手な人たちの真似をしようとしたのですが、うまく雑談できるようになりませんでした。

薄々感じておりましたが、雑談はセンスであり、やはり元々生まれつきコミュニケーションの得意な人しかうまくできないだろうなとの結論に至りました。

そのように思いながらも、ふと営業成績をあげたり、高いポジションに就《つ》いていたり、パフォーマンスが高い人を見かけるようになり、その人たちの共通点に気づきました。

・高尚な話題でなく身近な話題で盛り上がっている
・その人が流暢に話すというより相手に話させている人が多い

このようなコミュニケーションなら自分にもできるのではないかと思い、早速真似をすることにしました。結果、雑談が苦にならなくなり、良好な人間関係の構築ができるようになったのです。

その後、16年の会社員生活で2万人へのビジネスマンと対面でコミュニケーションをとり、そのうえで自分で気づき実践したものをノウハウ化し、全国の方々へ講演や研修でお伝えしています。講演の参加者からの感想の一部をご紹介します。

「雑談は自分をＰＲするより相手に共感するものだということがわかった」
「雑談はトレーニングしていくうちに上手になる」
「それまで一往復しか会話が続かなかった上司と気負わずに雑談ができるようになった」
「知らない話題になっても恐怖よりも嬉しさを感じられるようになった」

実は雑談は元々のセンスではなく、トレーニングと思考次第でうまくなれるのです。

本書はすべて実践に基づいたものになっております。また、読者の方々が読んですぐに実践できるように、ということを特に意識しながら書いております。本書が皆様のお役に立てれば幸いです。それでは本題に入っていきます。

目次

はじめに　1

第1章　雑談上手は気配り上手

雑学博士が雑談上手とは限らない　12
プレゼンターではなくインタビュアーを目指せ　16
「初めのひとこと」を準備しておく　21
どんな相手からも長所を見出す　28
人は「しぐさ」で9割判断される　35
否定ワードは封印しよう　42
すべての人がキーマンです　48
相手を尊重したポジティブな雑談をしよう　52

雑談は「会話のキャッチボール」 56
相手の反応が悪いのはあなたのせいではない 60
自己紹介は一生懸命やればやるほど効果がない 65

第2章 初対面の相手でも心をつかむ雑談のコツ

最初に話題にするのは、どんな話題がいい？ 70
タイプに応じて雑談の仕方を変えよう 74
理屈っぽい人が一番大切にしていることは？ 78
共通の話題はすぐ近くにある 82
名刺は雑談のネタの宝庫 89
雑談から本題へうまく切り替えるには？ 95
沈黙になってしまった！ このように乗り切ろう！ 99
相手の長い話をうまく終わらせるひとこと 106
終わりよければすべてよし！ 最後の印象が重要です！ 111

第3章　ひとことで、グッと親しくなれる雑談術

人間くささを見せると、親近感をもたれる　122
一往復で終わらせない天気ネタの使い方　128
訪問先で盛り上がるちょっとした話題　131
秘密を共有すると、人間関係の距離は縮まる　135
季節ネタのエピソードを用意しておこう　139
朝の挨拶にプラスアルファを加えて和ませよう　144
知らない話題が出てきたらむしろチャンスです！　149
相手がどんどん乗ってくる雑談術　154

第4章　相手を肯定する聞き方・話し方

愚痴を言われたら、どうすればいい？　160
しくじる可能性が高いネタは封印しよう　166
「会話泥棒」にならないために　170
知っているアピールは逆効果　175
言葉の変換は印象を悪くする　179
謙遜は時に相手への否定になる　182
相手に恥ずかしい思いをさせない心づかい　186
考えなくても答えられる質問から始めよう　189

第5章　今すぐできる！　とっておきの雑談術

「雑談ノート」を作成しよう　196
雑談で上司をマーケティングしよう　201
雑談で部下のバロメーターを把握しよう　203
相手のバイオリズムを知っておこう　206
親しくなるためのグッズ活用術　210
地域ネタはこれだけ押さえれば大丈夫　214
雑談トレーニングができる４つの場所　220

誰でもすぐ使える雑談術

――初めのひとことがうまく言えるコツ

第1章　雑談上手は気配り上手

雑学博士が雑談上手とは限らない

かつて私は会話がいつも一往復で終わってしまうという悩みを抱《かか》えていました。

そこで雑学をたくさん仕入れるのがよいと思い、雑学大百科などの本を読みました。

そして早速、雑学大百科で得た知識を披露《ひろう》しました。


イベントを開催していたときのことです。会場のバックヤードで取引先のAさん、同じ部署の後輩Bくんと弁当を食べていました。

そのときのお弁当が、幕の内弁当だったのです。

私は一気にテンションが上がりました。

なぜなら、ちょうど前の日曜日に「幕の内弁当」についてのネタを仕入れていたからです。

私「今日は幕の内弁当なんですね」

Ａさん「そうです。おいしそうですね」
私「幕の内弁当って、江戸時代に芝居見物の際に食べる弁当として広まったって知ってます？」
Ａさん「初めて知りました……」
私「なんで幕の内弁当っていう名がついたかというと、舞台の幕が下がり、次の幕が上がるまでを『幕の内』『幕間《まくあい》』といって、その間に幕の内側で役者が食べるからなんですよ。意外に歴史がありますよね」
Ａさん「ええ……（適当に合わせている感じ）」
私「もう一つ説があって……」
Ｂくん「とりあえず食べましょうか……」

Ａさんからすると私の会社はクライアント先です。よって箸《はし》を止めて話を合わせていましたが、本当は早く食べたそうにしていました。

Ｂ君はそれを感じ取ったのでしょう。

そのときは、なんでせっかく面白い話をしているのに盛り上がらないのかな、としか思いませんでした。

今回はたまたまだと思うことにしました。後日、別の機会で、パーティーに参加したときのことです。円卓でのパーティーだったのですが、デザートでグレープフルーツが出てきました。私の胸はドキドキし、テンションが上がりました。ちょうど雑学大百科でグレープフルーツのネタを仕入れていたからです。

早速、話を始めました。

私「グレープフルーツって、なんでグレープがつくか、知っていますか？　全然似てないのに」
相手「いえ」
私「グレープフルーツは一本の枝に房状に実り、その様子がブドウにそっくりだからなのです」
相手「へえ。そうなんですね（相手は笑顔も見せない）」
私「……（あれ、おかしいな）」

しかし、まったく話が盛り上がりません。

それどころか、相手は逆どなりの人と会話を始めてしまいました。

逆どなりの人は、そんなに面白そうなことを言ってはいません。むしろ、あまり話をしておらず、どちらかというとただ聞いているだけでした。

不思議でたまりませんでした。私と話しているほうがいろいろな雑学知識も得られるのに。話題豊富な人のほうがいいはずなのに……。

なぜこうなったのか、今ならわかります。

私は相手の感情をいっさい無視した「ただの教えたがり」になってしまっていたのです。


私は雑談に関する講演やセミナーをしています。終了後、話をするネタがないけどどうすればいいかと相談に来る人もいます。

たいていは「自分が何を話すか」ばかり考えています。

でも、それよりも大切なことは、相手に話をさせることなのです。

雑学を知っていることは悪いことではありませんが、大切なのは「相手に話しやすくなってもらうこと」です。

プレゼンターではなくインタビュアーを目指せ

若い頃の私は、人とのコミュニケーションにおいて「いかに自分が多く話をするか」が大切だと思っていました。

営業でいえば、自社や企画、商品の素晴らしさ、プライベートでいえば、自分自身の素晴らしさをアピールすることに最も重点を置いていました。

アポイントを取って訪問をすると、まずは丁寧に1ページ目から会社概要を10分以上かけて説明します。さらには企画の内容、新卒で入ったのは旅行会社でしたので、企画した観光地の概要、名物料理を説明します。

なお、当時はまだインターネットもない時代でしたので、旅館のパンフレットも持っていき丁寧に説明します。

必ず30分以上は、時には1時間近く一方的に話していることもありました。

最初のうちは、訪問先の方も相づちを打ってくれたり、笑顔で接してくれますが、最後のほうは、適当な相づちで、早く終わってほしいなという表情になっていることも少なくありませんでした。

今となれば、非常にダメな営業だったなと恥ずかしく思います。しかし、当時はお客様もずっと聞いてたから疲れてしまったのだろうとしか思っていませんでした。

面談が終わると、「今日は話せたぞ」と達成感でいっぱいでした。

しかし、満足感とは裏腹に、先方から返ってくる返事は「今回はJ社さんにお願いすることにしました。申し訳ございません」と、同業他社へ決まってしまってばかりで、12連敗してしまったこともありました。

そんなある日のことでした。

その日は中規模の団体旅行を扱っているB社と面談のアポイントが入っていたのですが、非常に体調が悪く、できるだけ簡潔に面談を終わらせたいなと思っていました。

そこで、いつもとは違った面談のやり方をします。

会社概要はざっと説明し、企画も簡単に概要だけの説明に留めました。

すると、お客様から積極的に話しだします。

「この温泉、海が見える露天風呂が最高なんだよね、いいね」と旅館のパンフレットを見ながら、話されます。

体調が悪かった私は「そうなんですよ。ご存じでしたか?」とだけ返します。

すると、先方は「知っているよ。この旅館、3年前にゴルフ仲間と行ったんだよ」と楽しそうに話を続けます。

さらには「魚がおいしくてさあ、そうそうここのゴルフコースは割と初級者でもいいんだよ」などと続きます。

私はただ相づちだけ打っていました。

この日の会話は私は2割だけ、先方が8割話していました。いつもは自分が8割話そうと思っていたので、まるで逆です。

先方が一方的に話し終えた後、何と驚くことを言われます。

「吉田さん、今回は御社にお願いすることにするよ」

「今回はあまりきちんと説明してないのになぜだろう?」

会社への帰り道、そのような疑問が頭をずっとよぎっていました。

実はこの後、プライベートでも不思議なことが起こりました。

不謹慎《ふきんしん》な話かもしれませんが、私は20代の頃、毎週のように合コンをやっていました。

合コンでは、常に自分のすごさをアピールしていました。正確にいうと、まったくすごくもないのにすごく見えるようにアピールしていたのです。

たいていはうまくいきませんでした。

その場で電話番号を教えてもらっても、実際に電話をかけてみると、本人らしき人が出てるのに、「Bは只今出かけております」とガチャンと切られたり、時には「おかけになった電話番号は現在使われておりません」なんてアナウンスが鳴ることもありました。

ところが、やはり体調の悪かったある金曜日の夜の出来事です。

その日は早く帰って寝たいなと思っていたのですが、悪友からの夕方の電話で「今日の合コン、一人向こうが増えたみたいなんだよ。さすがにこちらが二人少ないのはまずい。頼むよ」との頼みに、「じゃあ、一次会だけ顔出すよ」と参加することにしました。

その日はつらかったので、グループでの会話に「うん、うん」とうなずき、時に笑っているだけでした。何とか一次会だけ参加し、皆が二次会に参加するなか、私は帰ることにしました。

すると、一緒に駅まで帰るという人がいました。

そして何とその方と、再度お会いすることになったのです。

これによって、自分からあまり話さないほうがいいということに気づきました。

初対面の方やまだ知り合って間もない方には、つい自分から話をしてしまいがちです。いわゆるプレゼンターになってしまいます。

しかし、本当に雑談上手な人はインタビュアーなのです。相手にインタビューをして、話を引き出すのが上手な方なのです。名司会者のタモリさんなんかいい例です。

インタビュアーは、相手のすごいところを聞くことはあっても、自分はいかにすごいかを語ったりしません。

昨今、私はメディアの取材を受ける機会が増えました。

皆様プロの方々ですから、私が話しやすいように気を遣《つか》ってくださいます。

私が話す内容にも「そうですよね」「確かになと思います」など相づちを打っていただけます。心地よいのでつい話し過ぎてしまうことも多々あります。

自分をアピールするプレゼンターではなく、いいインタビュアーを目指しましょう。

「初めのひとこと」を準備しておく

雑談が苦手という人のなかには、過度に緊張してしまうという人もいます。

また、本題では何を話そうか考えているのにそれ以外は準備していないという人もいます。


実は雑談には準備が必要です。

面談の前には必ず相手の会社のことをＨＰなどで調べるかと思います。

昨今ではフェイスブックやTwitter、インスタグラムなどのＳＮＳを使っている人も増えてきていますので、相手のお名前を検索すると情報を得ることができるでしょう。

出身地、出身の大学や高校、好きな食べ物、趣味などが見つかるかもしれません。

もちろんいきなり「フェイスブックで見たのですが」なんて言うと、相手も警戒してしまいます。

余談ですが、私は講演のとき、主催者から「先生、先週は新潟《にいがた》に行っていたのですね。

フェイスブックで拝見しました」なんて言われることもありますが、これは問題ありません。

主催者の方々の名誉のためにつけ加えておきます。

しかし、商談をするビジネスでの相手に対して、「山田部長、先週末楽しそうでしたね。伊豆《いず》でゴルフの後、海沿いの北川《ほっかわ》温泉。私も以前一度だけ行ったことがあるのですが、また行きたくなりました」などと持ちだしたら、盛り上がる可能性はなくはありませんが、同時に相手に警戒されたり、気分を害される危険性もあります。

これは止めておいたほうがいいでしょう。

だからといって、アドリブで雑談をしようとしてもなかなかうまくいきません。

少し話は変わりますが、私は年に130回くらい講演やセミナーなどを行います。毎日のように講演が続くときもありますが、最初の1分は今でも緊張してしまいます。

しかし、その緊張も最初の1分で何を言おうかを決めているので、乗り切れています。

実は雑談も同じなのです。

ノープランになってしまうと「最近いかがですか？」と相手が答えにくいぼやけた質問をしてしまったり、形式ばった「今日は雨降りますかね？」と一往復で終わるような質問をしてしまいがちです。

ちなみに天気の話をふることは悪いことではありません。詳しくは、後ほどお話ししていきます。

雑談は準備しておくものです。

緊張してうまく話せない人も、ノープランだからそうなってしまうのです。

具体的には次の２つを準備しておくといいでしょう。

① 訪問先には20分前に着くようにする

だいたいアポイントの10分前から３分前くらいに訪問するのがいいと言われていますが、できれば20分前に現地に着いておくといいでしょう。

現地に着いたら、近所の様子を見ておきます。

おいしそうな定食屋さんがあるとか、行列のできている中華料理店があるとか、カフェがあるとか、コンビニがあるとか、昼食に行く店のネタを仕入れておくのです。

駅に近いところだったら、駅チカのネタでもいいでしょう。

また郊外であれば、駅にあるオブジェ、お祭り、花火大会や甲子園出場などの垂《た》れ幕《まく》などもチェックしておくといいでしょう。

②　最初のひとことを準備しておく

先ほど私の講演の話でも書きましたが、一番緊張するのは最初の第一声です。

「失礼します。リフレッシュコミュニケーションズの吉田です。今日はお時間をいただき、ありがとうございます」という言葉と、雑談で触れたいものを3つほど用意しておくのです。


会社への訪問とともにパーティでの雑談も難しいと考える人もいます。

これも3つくらい最初の声かけパターンを用意しておけばいいのです。


「はじめまして。どなたのご紹介で今日はいらっしゃったのですか？」

「場所すぐわかりました？　私は迷ってしまいました」

「こういった会はよくいらっしゃる（参加される）のですか？」


雑談は、アドリブでしようとするから難しいと感じてしまうのです。

もちろん、上級者の方々や元々得意な方は別かもしれません。

私も今でこそ雑談術のセミナーの講師をしてはいますが、元々は言葉に詰《つ》まっていました。ルーティンワークのようにしたから慣れてきたのです。

これらは社外のお客様を相手にする場合に限りません。社内の同僚、上司、部下に声かけするときも、最初のひとことを決めてルーティンワークにしてしまえばいいのです。

ただし、準備をしておくことは大切ですが、注意点もあります。

・トークをガチガチに準備しない

最初の声がけトークに留まることなく、どのような話をしようとシナリオを完璧にしすぎないことです。完璧にしすぎてしまうと、一方的に自分から話す量が多くなってしまいがちです。

また、そもそも雑談は話が脱線しがちです。むしろ雑談は本題ではありませんから、脱線するのがほとんどです。むしろ脱線し、相手がどんどん話してくれたことで、聞き役であるこちらに良い印象を持つようになります。かつ、情報を得ることができます。

それなのにあまりにガチガチにしてしまうと、脱線した際に頭が真っ白になってしまいます。一番いいのは逸《そ》れた場合のことを想定しておくことですが、なかなか難しいでしょう。

よってガチガチにせず、逸れたら逸れたでいい。相手の反応がよくなければ無理に雑談を続けなくていいとリラックスして臨《のぞ》むようにしましょう。

最初の声かけを３パターンくらい用意しておこう

・欲張らない

これは営業職の方に多いのですが、例えば今日はどんな話を聞こう、質問しようとプランを多く立てすぎてしまうことです。また、リーダーの方は「これを聞いてこい」とあまり多く指示しないでください。

聞かなければならないことを多くしてしまうと、全部聞いてくるという目的ばかりが頭に残り、お客様の話に集中できなくなってしまいます。

よって話したいこと、聞きたいことはできれば１つ、多くても３つ以内に留めておくようにしましょう。

どんな相手からも長所を見出す

人は長所の5倍、短所が見えるといわれています。

私は普段、リーダー向けの研修で「今、やりとりに困っている部下の方を一人選んでいただき、その方の短所を5分以内で挙げられるだけ挙げてください」と、課題を出します。するとたいてい10個近く短所が挙がります。一方、では次に長所を挙げてくださいと言うと、あまり挙がってきません。

人は、無意識でいると相手の短所ばかり見えてしまうのです。

これは上司部下の関係に限らず、他の人間関係でも当てはまります。

よく知らないのに「こういうタイプの人は苦手」という印象を持っている人も少なくないでしょう。なんか威圧的な人だ、馴《な》れ馴れしい人だ、神経質そうな人だなど、確かに当てはまるものもあるかもしれません。

あまり話していないのに、イメージばかりが先行してしまうこともあるでしょう。特にその方の外見に似た方と会ったことがあって、その人へ悪い印象があると、「あの人もかつてのAさんのようなタイプのような気がする」と思って遠ざけてしまうのです。

特に過去に散々怒鳴られた先輩がいたとします。その人と似ているからと苦手意識を持ってしまうのです。過去に、犬に噛《か》まれた人が、犬を見ると逃げ腰になるのと同じです。

ちなみに私がそうです。

かつて、私はこんな経験をしました。

旅行会社時代、飛び込み営業をしていたときのことです。その会社の受付には「営業お断り」との貼《は》り紙がありました。

それまで私は「営業お断りの貼り紙は、営業されると買ってしまう、実は営業に弱い人が貼っているのだ」と思っており、時に本当にお忙しい人に怒られることはありましたが、気にせず、営業に行っておりました。

先方の受付で「こんにちは。この辺をご挨拶で回らせていただいている会社です」と大きな声を出すと、非常に威圧感のある身体も大きく、強面の方が出てきました。

びっくりはしましたが、怯《ひる》むことなく、声をかけました。
以下はその方とのやり取りです。

吉田「失礼します。この辺の地域をご挨拶で回らせていただいております○○の吉田と申します」
相手「挨拶……挨拶って何だ？」
吉田「挨拶させていただき、弊社を覚えていただければと思いまして」
相手「表の貼り紙見たか？（かなり怖い顔で）」
吉田「いや、特には……（何とか取り繕《つくろ》おうとする）」
相手「ふざけるな。挨拶ってのは営業ってことだろ。営業禁止って貼り紙見なかったのか？」
吉田「はい。すみません……」

しかも、これだけでは終わらなかったのです。
何とボールペンを投げられました。当たらずにすみましたが……。

それまで先輩に営業中に水をかけられたことがあるという話を聞いたことがありましたが、それに近いものでビックリしました。

その日は正直、営業活動を続行するのがつらく、喫茶店で休んでいました。

本当はいけないのですが、今なら時効になっているかなと思っています。

しかし、そんな辛いことも、関係のよいお客様を訪問したり、コンペに勝ったりしていくうちに記憶から薄《うす》れていきます。

そんなこんなで３週間も経過した頃、今度は別の地域で飛び込み営業をしていました。

今度は「営業お断り」の貼り紙はありませんでしたが、前回ボールペンを投げられた方と似たような非常に圧迫感を与える雰囲気の方が出てきたのです。

とっさに防衛本能が働き、このような言葉で挨拶をしました。

「○○の吉田と申しますが、今日はこの地域を挨拶回りさせていただいています。名刺を置いていきますが、よかったらチラシ等をご覧いただければと思います」

営業としてはやってはいけないことをやっていたのです。

チラシだけ置いてすぐに帰ろうとしていたのです。

このような営業がバレると「お前、営業マンとしての価値はないな。お前の代わりにポスティングのアルバイトを一人雇えばいいだけだ」と上司に叱《しか》られます。

「そもそも、このような圧迫感を与える人が、買ってくれるはずないだろう」と思っていましたし、またボールペンを投げられたらたまらないなと思っていた私は後ずさりします。するとその方は置いてあった北海道のパンフをじっと見て言いました。

相手「そうだ。北海道ともう一つ九州のパンフもあれば、今度もらえるかな?」
私「わかりました。会社に帰ったらお送りします（早くこの場から去りたい）」
相手「あっ、そうだ。それ以外でグアムとか他の地域のものも欲しいから。今、まだ時間ある?」

営業に来たのだから時間はあるに決まっています。そのお客様からすると、私はそそくさと立ち去ろうとしていたからそんな聞き方をしたのでしょう。
何と席に座っての商談になったのです。
結果、後日企画を提出し、受注につながりました。
その方の表情には笑顔もありました。

前置きが長くなりましたが、私がお伝えしたかったのは、人を見た目で判断してはならないということです。

少し前に「人は見た目が9割」なんて話もありましたが、これは見られる側からの意識です。決して、見る側はそう判断してはなりません。

雑談上手になるためには、相手に興味を持つこと、それには相手を嫌いにならない、悪い印象を持たないということです。

そもそも外見は第一印象ですが、見る側には第二印象の主観が入ります。

強面という第一印象も、Aさんにとっては「怖そう」という第二印象かもしれませんが、Bさんには「しっかりしている方」という印象になるかもしれません。

今まで生きてきたなかでお会いした人の印象が影響を及ぼしているからです。

そもそも、短所と長所は表裏一体《ひょうりいったい》です。

例えば、「威圧的な」という短所に思える印象は「どっしり構《かま》えていて実直」ともいえます。また、よく初対面で出てくる短所の「馴れ馴れしい」という印象も、「相手が緊張しないように気を遣《つか》っている」という長所にもとれます。

このように、短所は視点を変えると長所になるのです。

短所を長所に視点を変えて変換することを心理学用語では「リフレーミング」と呼んでいます。雑談上手な人は、このリフレーミングが得意なのです。

・細かそう ⇩ よく気がつく
・無口な人 ⇩ 聞き上手
・無反応 ⇩ 真剣に聞いていて反応できない
・主張が強い ⇩ はっきりしている
・疑り深い ⇩ 慎重である

どんな人からも長所を探すようにしましょう。長所を探そうとすれば、雑談も積極的にすることができるでしょう。

人は「しぐさ」で9割判断される

先ほど、人を見た目で判断してはいけないと書きましたが、一方で自分自身は見た目にも気を付けなければなりません。

自分は見た目で判断しないようにしても、相手は見た目で判断してしまうからです。

例えば、私が靴を買いに行ったときのことです。

最初に入ったお店で対応いただいたＡさん、きちんとした対応だったのですが、表情が乏《とぼ》しく、少しとっつきづらい感じがしました。

いい商品は見つかったのですが、まだ決めずに他の店も見てみることにしました。

次に行ったお店のＢさん、この方は笑顔が素敵で、非常に感じのよい方でした。

対応も非常によいため、結局この店で購入することにしました。

購入した商品ですが、実はＡさんのお店で迷っていた商品でした。同じ商品を前の店では断ったのに、次の店では買ってしまったのです。

このような経験がおありの方もいらっしゃるかもしれません。

昨今では、商品やサービスはすぐに模倣《もほう》されてしまいます。

購入の決め手は営業マンや販売員の人柄なんてことも少なくありません。


このBさんのように、感じがいい方は相手に好感を持ってもらえます。

心理学者のメラビアンは「人は何に影響を受けるか」ということを調査し、「視覚情報が55％、聴覚情報が38％であり、話の内容はたった7％しかない」と結論づけました。

これを「メラビアンの法則」といいます。


「何だ、話の内容はたった7％しか影響ないのか？　だったら、雑談がうまくなってもあまり意味がないのではないか」と思われた方もいらっしゃるかもしれませんが、そうではありません。

話の内容は大切です。しかし、それ以上に視覚情報・聴覚情報の影響が強いので、どんなにいい話をしても2つの印象が悪ければ台無しになってしまうということです。

では、どの部分に気をつけていけばいいかをご紹介していきます。

①　視覚情報

55％を占める見た目ですが、イケメンでないといけないというわけではありません。

相手の気分を害さない外見にすることです。

具体的には次の４点に気をつけましょう。

・表情を豊かにする

具体的には相手の気持ちに寄《よ》り添《そ》った表情をすることです。

相手が楽しそうに話しているときは笑顔、辛そうな話をしてきたら悲しそうな表情をつくることです。初対面の方に対しては、笑顔が無難《ぶなん》でしょう。

ここで１つお伝えしておきたいことがあります。

真面目な顔、いわゆる真顔は相手に警戒心を抱《いだ》かせたり、悪い印象を与えてしまいます。

私は普段講演をしていると、たまにエンジンがかかりすぎて真顔になります。

すると、アンケートで怖い顔をしていたと書かれたことがあります。決して怒っていたわけではない。ただ真面目な顔をしていただけです。

相手への伝わり方が大切ですから、真顔はやめたほうがいいでしょう。

・アイコンタクト

相手と目を合わせることです。そっぽを向くのは論外ですが、例えば後輩が話してかけてきたとき、パソコンを見ながら生返事をしてしまったなんて経験をお持ちの方は少なくないのではないでしょうか。

この場合、手を止めて相手に目を向けなければなりません。

なお、相手と目を合わせるのが苦手な方は、相手の眉間《みけん》あたりを、相手の話す語尾に合わせてちらっと見るのでもかまいません。

また、相手を無表情でじっと見ることは危険です。立場の弱い人相手にそれをやってしまうと「蛇《へび》に睨《にら》まれたカエル」のようになってしまいます。パワハラとも捉《とら》えられかねません。

・相づち

相手の目をじっと見たままだと圧迫感がありますが、相づちを入れることでだいぶ印象が変わります。うなずきもそうです。

私は普段、講演やセミナーなど大勢の前に立ってお話しをする機会が多くありますが、開始して間もない段階で相づちやうなずきをしながら聞いてくれている方を見つけると、その方に目を向ける回数が自然と多くなります。

それだけ相づちやうなずきは相手に与える印象がいいのです。

・目線の高さを合わせる

研修や講演の仕事をしていると、私より年上の受講者ばかりのときもあります。そのようなとき、受講者の方々のなかには少し斜《しゃ》に構《かま》えた方もいらっしゃいます。そういうときは、演習のときに会場を回って「どうですか？」と声をおかけします。

その際、必ずしていることがあります。それはしゃがんで座っている受講者の方と目線の高さを合わせることです。

こうすることによって、相手は偉《えら》そうだなと感じなくなります。この目線を合わせた声がけをすると、たいていの方が変わっていただけます。

研修後のアンケートには「親身になって話してくれた先生だった」などと書いてもらえることもあります。

② 聴覚情報

38％を占める聴覚情報ですが、具体的には「声の大きさ」と「話すスピード」が大切になってきます。具体的に見ていきましょう。

・声の大きさ

一般的に、声が大きい人は相手に威圧感を与え、小さければ自信がないように見えるものです。よって声の大きさは相手に合わせるべきです。

特に小さな声の方を相手にする場合、注意が必要です。

人によっては圧迫感を感じ、話しづらいなと悪い印象を持たれてしまうことがあります。

・声のスピード

何かを早口で話されると、それは軽い内容のように思われがちです。

一方で、ゆっくり話すと相手に伝わりやすくなります。

よって基本的にはゆっくり話したほうがいいのですが、相手が早口の場合、じれったいなとイライラさせてしまうかもしれません。

以前、ある製品を購入したとき、買ったばかりなのに故障してしまい、カスタマーサービスセンターに電話をしたことがありました。

すると、なかなか電話がつながりません。やっとのことでつながったと思ったら、「はい、○○株式会社△△事業部サービスセンター　石井がお受けいたします」とかなりゆっくりな声で対応されたので、つい「買ったばかりの○○が壊れてしまって」と大声で強く言ってしまったことがありました。

その方はマニュアル通りの対応をされたのでしょうし、今考えると大変申し訳ないことをしたなと思いますが、何かの故障のように、緊急事態が起きて電話をする場合、あまりにもゆっくり話されると、それだけでイライラしてしまいます。

気持ち、相手の話すスピードに合わせるという必要があります。

いろいろ書きましたが、まとめますと、声に関しましては、完璧に相手に合わせることは物理的に不可能だと思いますので、気持ち相手に合わせ、悪い印象を与えないようにするといった考えに留めておきましょう。

否定ワードは封印しよう

人は自分の思っていることと違うことを言われると、つい否定ワードを使ってしまいがちです。

A「今日は少し暖かくていいですね。春が近づいているって感じがしますし」
B「いや、花粉症が始まって。むしろ寒かったほうがいいですよ……」
A「あっ、すみません……（この人なんか合わないな）」

このような会話だと、何だかぎこちない雰囲気になってしまいます。
「しかし」「でも」「いや」などの相手の言葉を否定してしまうと、相手もこれ以上は話さなくていいやと思ってしまうでしょう。
確かにBさんは花粉症が始まってイヤなのかもしれませんが、否定言葉は使わないことです。

イエスバット法という、一度相手の意見を受け止めてから、「しかし」「でも」などを使って自分の意見を述べるやり方があります。

A「今日は少し暖かくていいですね。春が近づいているって感じがしますし……」
B「そうですね。暖かくていいですね。でも、花粉症が始まってつらいですよ」

これだと否定言葉を使ってはいますが、一度イエスで受け止めているのでいいのではないかとの意見もありますが、やはり「でも」の印象が強く残ってしまいます。

できれば、肯定の言葉を使ってから、自分の意見を述べるようにしたいものです。

イエスアンド法を使うのです。これは相手の意見を受け止めてから、自分の意見を伝える方法です。

イエスアンド法ならば、先ほどの事例ではこのようになります。

A「今日は少し暖かくていいですね。春が近づいているって感じがしますし……」
B「そうですね。暖かくていいですね。ただ少し鼻がムズムズしてますね。花粉症が始まったかもしれませんね」

A「それは大変ですね」

このような話し方ですと、相手も話しやすいでしょう。

では、ここで他にも使ってしまいがちな否定ワードをご紹介していきます。

「そうかなあ」

意見に対してあからさまに反対で、しかも話を聞く気がないと暗示している相づちです。

相手からするとバカにしているように感じられるかもしれません。

「そんなはずはない」

自分の考えと真逆である意見を言われた場合、つい使ってしまいがちです。自分の知識や考え方に自信を持っている場合、あるいは相手がまだ経験も知識も浅い場合に、このような言葉を使ってしまったことはありませんか。

特にこの言葉は相手からすると全否定されているように感じてしまい、危険なワードです。相手はこれ以上話をするのを止めてしまうか、敵対関係になってしまいます。

「はあ？」

私はこの言葉を最大の否定ワードと呼んでいます。特に相手がわからないことを言ってきたり、長く要領を得ない言い方をしてきたとき、反射的に使ってしまうケースがあります。口ぐせになっている方は危険です。

「ていうか」

相手の話に納得ができず、強引に話題を変えてしまう相づちです。言っているほうからはあまり強い否定に感じないのですが、言われたほうからすると、否定された感が強く残ります。

これらの言葉は封印するようにしましょう。特に初対面の方に対しては否定をした瞬間、相手の気分を害してしまう可能性もありうるので注意が必要です。

では、逆にこのように相手がまったく自分の考えと真逆であった場合、どう対応したらいいのでしょうか。使うといいワードを紹介します。

「そんな考え方もありますね」

真逆の意見が出てきても、それを認める、いわゆる受け止める言葉を使えばいいのです。

ここで誤解しがちなのが「受け止める」と「受け入れる」は違うということです。「受け入れる」となると、相手の意見がまったく逆のものでも、それに合わせる、いわゆる「迎合《げいごう》する」ことになります。一方で、「受け止める」の場合は、否定も肯定もせず、まずは話を聞いて、その意見を認めることです。意見を認めるだけで、肯定も否定もしません。ここが大きな違いです。

この言葉は決して相手の言ってきた内容を肯定しているわけではないのですが、言ったことの行為自体は肯定しているので、相手の心証を害することもありません。

その他にも「そうでしたか」「あっ！　そうか」などの肯定ワードもいいでしょう。

大切なのは①まず受け止める、②その後、否定ワードを使わないということです。

もし、真逆の意見などで自分が反対の意見を出したい場合は、「確かに」「そうですね」の後に「一方で、私は」から始めるといいでしょう。こうすればあくまで「私の意見」であって、あなたの言ったことが世間的に間違っていると否定しているように感じないからです。意見が２つあるといった捉え方をしてもらえます。

大切なのはまず受けとめること

すべての人がキーマンです

営業をしているとよく、決裁者に会えと言われます。

確かにその通りだと思います。


しかしかつて私は、決裁者にはいいと言われたのですが社内で反対にあい、コンペで負けたことがありました。

例えば、備品購入の決裁権は部長にあるが、長く継続した取引になると、担当の部下の方とやり取りをすることになります。

その担当者の方が反対だと、結局決裁者の部長も「じゃ、止めておこう」となってしまうのです。

確かに「誰と話すか」は重要です。

ですが、キーマンだけに気を遣っても、その会社の誰かが反対すれば、取引は中止になってしまうことは多々あります。

それ以来、私は「キーマンは社長かもしれないけど、全員が決裁者」のつもりで動くようになりました。

以前、ある上場企業で社長の秘書をしている方と、ランチをしながらお話しをしたことがありました。

その企業には私が飛び込みで訪問し、契約を獲得することができていました。

偶然にも共通の知人がいて食事をすることになりました。

「以前はいつも温かい対応をしていただいてありがとうございます」なんて言いながら話が始まったのですが、私はある疑問をぶつけました。

「受付の方が判断しての門前払《もんぜんばら》いって、あるんですか？」

「印象の悪い場合は、社長に伝えたりするんですか？」

すると、ビックリするような回答が返ってきました。

そのようなことは日常茶飯事《にちじょうさはんじ》にあるようなのです。

例えば、あるメーカーがプレゼンに三人で来ました。

せっかく商談がうまくまとまっていたのに、帰り際に、三人がそれぞれ社長と部長のほうだけ向いて挨拶をして帰りました。

こんなときに、社長が「あの会社どう思う?」なんて秘書の方に聞くことがあるそうなのです。「ちょっと感じが悪いですかね」などと言ってしまったら、取引が中止になったこともあるそうです。


一方で、秘書の方にも非常に丁寧に話をする方もいるそうです。

「壁の絵が素敵ですね」

「見晴らしがいいですね。ドキドキしてしまいます」

「サッカーの○○選手を広告で使われてますよね」

「今日は休み前で多くの方が面談されていらっしゃいますね。お忙しいなか、ご丁寧な対応をいただき、ありがとうございます」


人によって態度を変える人は嫌われます。

逆に、誰にでも丁寧な対応を心がける人は好かれます。

それからは、私は受付の方とお会いした瞬間から面談が始まっていると考えるようになりました。

秘書の方にお茶を持ってきていただいた際、必ず「ありがとうございます」と言い、目に見えるものを話題に、ひとこと雑談を言うようにもなりました。

こんなこともありました。

私「あの絵は錦帯橋《きんたいきょう》ですか？」

秘書「そうなんですよ。実は社長が岩国《いわくに》出身で飾《かざ》ってあるんですよ」

この会話で社長の出身が山口県という情報が得られるわけです。

実はこれは秘書の方に限ったことではありません。

その会社に関係している方、全員から情報は得られるのです。

駐車場の係の方から「店長はこの時間だったらいつもいるよ」「この時間帯だったら比較的忙しくないかもよ」なんて情報を教えていただいたこともあります。

意外なところから情報は得られるものです。

日頃から、すべての人がキーマンだと思って接するようにしましょう。

相手を尊重したポジティブな雑談をしよう

かつて私は自分の仕事を初対面の人に紹介したとき、こんなことを言われました。

「広告会社って、夜は遅いみたいだし、大変ですよね」
「今時、飛び込みですか？」
「営業って大変そうですよね」
「紙媒体を扱っている広告会社なんですか。今時どこもインターネットでしょ」

正直、へこみました。あるいは、「何だ！」と思って腹を立てたこともあります。このように言われた人とは、二度と会いたくないなと思いました。その後、何かの縁でお見かけすることがあっても近寄らないか、あるいは目が合ったら会釈《えしゃく》だけで済ませていました。

このような人は「自分は裏表がない」「変に俺は飾らないんだ」「正直な意見を述べてい

るだけ」「いい人に見せたって仕方ないだろう。偽善者にはなりたくない」なんて言いますが、本当にそうでしょうか。

あるいは、「そんなことでへこたれているのはメンタルが弱いだけだ。反論したいならすればいい」という意見の人もいるでしょう。

人それぞれ性格は違います。相手に強く言える人もいれば、言えない人もいます。ですが、相手を威圧するのはよくないでしょう。ましてや初対面です。もしかしたら今後長いお付き合いになるかもしれません。

雑談上手な人は、このように初対面で人にネガティブなことを言いません。私は今まで数多くの成功者の方にお会いしましたが、このようにネガティブなことを言う人は一人も見たことがありません。

ある大企業の幹部の方と営業で面談したときはこのようなことを言われました。

「営業の仕事っていいよね。対人能力を磨《みが》けるからね。どんな仕事でも対人能力は必要だから。一生モノだよ」

ある世界的に有名なメーカーの人事部長には次のように言われました。

「飛び込み営業か。ファイトあるね。対面で話すのが一番人は安心するしね。一からスタートしていくのって楽しいでしょ」

まったくネガティブな意見は言われません。こちらの気分をよくするのが、とても上手なのです。

このように相手の職業をリスペクトすると、当然相手からもいい印象を持たれるので、人間関係が構築できます。むやみに人の気分を害することは百害あって一利なしです。

相手の職業を聞いたときに賞賛する言葉は自然に出てくるのが望ましいですが、慣れないうちはパターン化しておくといいでしょう。

例えば、販売職の方に対しては、「販売の仕事をされてるのですね。販売の仕事はたくさんの方と接することができるので、魅力ありますよね。人間としての幅が広がりそうです」と、経理の方には、「経理の仕事をされてるのですね。経理の方は数字に強いイメージがあります。ビジネスマンとして経理のことは知っておかないといけないですよね」などと伝えるといいでしょう。

ただし、つい否定的になってしまうケースはあります。それは自分自身が上司であったり、経験をたくさん積み、先輩になったときです。

相談してくる人が自分より経験も知識も浅い場合、例えば今の私の場合でいうと、「いや、そんな考えじゃ甘いよ」「講師の仕事で食べていくのはそんな簡単なことじゃないよ」などと口走ってしまいそうになることもあります。

そんなときは、自分が駆け出しだった頃を思い出してみましょう。

「そんなこと言われたら嫌だったな」と思い出せるでしょう。

自分がされて嫌だったことは、他人にするべきではありません。

雑談は「会話のキャッチボール」

接続詞を多用して、一文を長く書く人がいます。長文を書いていると優秀そうに見えるからでしょうか。かつての私もそうでした。しかし、一文は短いほうがいいのです。難解で読みにくい文章より読みやすい文章のほうがいいからです。

同じように言葉も短く区切って話したほうがいいのです。

式典の祝辞《しゅくじ》などで偉い人の長々と続く言葉に「早く終わらないかな」「長くしゃべっていたけど、何が言いたいのかわからなかった」なんて思ったことがある方は少なくないでしょう。

「この度は弊社も20周年を迎え、え～……おかげさまで従業員の数も１００名を超え、え～売上も15億円を超えまして、今期も無事黒字で終わりそうで……」

このような挨拶を耳にし、お偉いさん相手だから面と向かっては言えないけど「何が言いたんだか、わかんないんだよ」と心の中で叫《さけ》びたくなります。

長い話は伝わらないのです。

このような場合、次のように変えれば、多少リズムも生まれ、聞きやすいのではないでしょうか。

「この度は弊社も20周年を迎えました。おかげさまで、従業員の数も100名を超えました。売上も今期は15億円を超え、無事黒字で終わりそうです」

変に接続詞でつながず、1つの文を短く区切るようにしましょう。

ただし、発表や講演はこのように文章を短く、5分とか7分と決まった時間話せばいいですが、雑談は会話のキャッチボールです。片方が長くしゃべりすぎてもいけません。サッカーのパスのように速く回していかないといけません。

親しい人や相手に教えを請《こ》う場合を除《のぞ》き、普通の会話の場合、相手が一方的に1分以上話していると、聞く側は疲れてきます。

例を見てみましょう。

電車が遅れ、会社の最寄り駅で同僚と遭遇《そうぐう》したとき……

A「電車遅れて大変でしたね」

B「本当だよ。俺なんかさぁ、途中の◯◯で降りてタクシーで行こうとしたんだよ。乗り場にも10人ぐらいしいかいないから、大丈夫と思ったんですけど。それが1時間待っても来ないんだよ。それでさあ、バス乗り場を観てたら、バスのほうが早そうなんだよ。しょうがないから途中でバスの列に並んだけど、参ったよ。実はいつもより1時間半も早く出たのに。参ったな」

A「疲れましたね」

Aさんは、聞きながら、遅れも大変だったけど、Bさんの話長くて疲れるなと思ってしまうでしょう。

ではどのようにすればよかったのでしょうか。例を見てみましょう。

Ａ「電車遅れて大変でしたね」
Ｂ「そうだね。途中の○○で降りてタクシーを捕まえようとしたんだ。だけど乗れなかった」
Ａ「そうなんですか。じゃあ、どうやっていらしたんですか？」
Ｂ「バスの方が早く進んでいたからバスで来た。だけどタクシー1時間も待ったから大変だった」
Ａ「1時間ですか。そりゃあ、災難でしたね」
Ｂ「いつもより1時間半も早く家を出たのにな」

会話形式の場合は、文節は２つまでで区切って相手に主導権を返すようにしてください。ポイントは次の３つです。

①　話し言葉も一文を短く切る
②　接続詞でつながない
③　文節を２つまでで区切って、相手にパスを出す

相手の反応が悪いのはあなたのせいではない

営業で初対面の人の感じが悪いと必要以上に責任を感じる人がいます。

しかし、これは営業マンの責任ばかりとはいえません。

確かに、あなたの態度が悪かったり、気分を害するような身なりをしているならば改善する必要はありますが、そのようなケースは稀《まれ》です。

たいていは、相手側自身の事情に起因していることがほとんどです。

例えば、話を転換させてあなた自身のことで考えてみましょう。

部下についついつれない対応をとってしまったなんてケースはあるのではないでしょうか。

実はその原因はちょっとしたことがほとんどです。

「部長に呼び出されて、チームの成績不振をなじられた」

「経営会議で使う資料作成をしていたら、常務の一声で、調査しなければならない内容が増えた」
「大口顧客から無理難題を言われた」
「急に不良品が発生し、クレームが起きて対応しなくてはならない」
「急に上司に仕事を頼まれた」
「部下が休んでその分の対応をしなければならなくなった」
「急にお客様から無理難題の依頼メールが入った」

どれもあなたに起因することではありません。それだけではありません。次のような仕事とは関係のないことが要因かもしれません。

「通勤電車の車中で、おろしたての新品の靴を踏《ふ》まれた」
「外出していたら、大雨が降ってきて濡れてしまった」
「どこから知ったのか携帯に興味のない営業電話がかかってきた」
「お昼に食べたラーメンの味が合わなかった」
「乗り換えの電車をホームで待ってたら、ハトに糞《ふん》をかけられた」

「駅に着いたらスイカが無いのに気づき、家に戻って、先ほど始業時間ギリギリに会社に駆《か》け込んばかりだった」

他にも出る前に家族と口論があったのかも……。

何にせよ、相手はあなたのことを怒っているわけではありません。

ですから自分を責めないことです。

何よりも表情がかたくぶっきらぼうであったり、愛想のない人も少なくありません。

一見、このような表情を見ると、慌《あわ》ててしまう人もいるかもしれませんが、焦《あせ》る必要はありません。たまたま表情がかたい人なのかもしれません。初対面で緊張しているのかもしれません。

なお、最初に雑談をするのが嫌で、すぐに本題に入りたいという人もいます。

初回訪問のときには感じがよかったのですが、2回目に訪問したらつれない対応だった、という場合もあるかもしれません。この場合、あなたの会社や商品に興味がなくなったという可能性がないとはいえませんが、仮にそうだとすると、二度目の訪問の約束はできなかったのではないでしょうか。

相手にも事情があると心得よう

このようにたまたま別の起きたことに起因してつれない態度をとっているだけのことは少なくありません。あるいは他に考え事をしているのかもしれません。人は常にベストのコンディションであるわけではありません。体調が悪い場合もあります。

よって必要以上に落ち込んだり、自分を責めないことです。


また、相手との距離は一気に縮《ちぢ》めようとしないことです。取引の中には性質上、1回限りの場合もありますが、たいていは継続的な取引を前提としています。社内においてならもっとそうです。一時的ではなく長期的な付き合いをしていかなければなりません。


よって、少しずつ距離を縮めていけばいいと考えていきましょう。

ときに雑談も弾《はず》まず、相手のことを何も知ることができない場合もあるかもしれません。

距離が縮まっていると実感できないかもしれません。

それでも少しずつ縮まっていけばいいのです。

「ザイアンス効果」という心理学用語があります。人は何度も接触している人に好感を持つようになるという法則です。よって、縮まった実感はこちら側にはなくても、相手には親近感が生まれていることもあります。

自己紹介は一生懸命やればやるほど効果がない

一時期、私は異業種交流会やパーティーによく参加していました。

そこには起業家の方やこれから起業をしたいという方が集まってきました。

ある会に参加したときのことです。

参加者は20名ほどでした。何と一人5分ずつの自己紹介をするというのです。ビックリしました。

自己紹介後、そのときのメンバーで私が名前と顔を一致させたのは、何とたった一人だけです。失礼な話ですね。

その人は、たまたま自分が困っていたデザインの仕事をしていたからです。

一方で、他の人は自分が何をやっているか、どういう思いでその仕事を始めたのかを長々と語っていました。人によっては芸を披露する人もいました。

ところがかえって印象に残らなかったのです。

残った印象は「長い話だったな」ということだけでした。

このように書くと反論したくなる方もいらっしゃるかもしれません。

確かにパーソナルブランディングは大切でしょう。

でももっと大切なのは「自分をどのように魅《み》せるか」より「相手にどれだけメリットを与えられるか（印象を残すか）」だと思います。


かつてガラケーはたくさん機能がついていました。携帯を購入すると一緒についてくるガイドブックを何気なく見たら１００以上機能がついていた気がします。それらの全部を使っていた方はほとんどいないでしょう。多くても10くらいではないでしょうか。

スマートフォンは初期のアプリはほとんどついていませんが、必要ならいくらでも自分で増減できます。

基本ベースでいうと便利にはなりましたが、機能の数はだいぶ少なくなりました。


この点は自己紹介とも通ずる点があります。

一生懸命やっている長い自己紹介、相手の印象に残らなければ、元も子もありません。

前の項にも書きましたが、人は基本的に「相手の話を聞く」よりも「自分が話をする」

ほうが好きです。

よって、いきなり長々と話をされても、頭の中に残そうとしないのです。

これがたまたま興味があることでしたら別ですが、興味がない場合は逆効果なのです。ときにはその人に悪い印象を持つこともあるのです。

私は営業のコンサルティングなどを日々していく中で、アポを取る際の電話や面談時の商品説明は限りなく短くするようにお伝えしております。自己紹介はできれば18秒以内がいいのです。

できるだけ簡潔に、相手へどれだけ貢献できるかを伝えればいいのです。

そのうえで、相手の話を引き出していけばいいのです。

第2章　初対面の相手でも心をつかむ雑談のコツ

最初に話題にするのは、どんな話題がいい？

雑談をするとき、最初はどんな話題がいいでしょうか？

私は天気の話題が一番いいと思います。

雑談で天気の話題がしやすいというのは、おそらくわが国では小学校時代から知っているという人がほとんどでしょう。

最近、ビジネスマンのなかでは天気の話題なんてしても仕方がないと言う人も少なくありません。

確かに、ダラダラと「暑いですよね」「雨が続いて嫌になりますよね」と言っているだけでは仕方ありません。

ただ、私は戦略的に天気の話題をふることをおススメしています。

理由は主に３つあります。

①　共通の話題である

雑談では共通の話題が盛り上がるといいます。

その共通の話題が天気なのです。

一緒にいる今ここの場所では雨であったり、晴れてたり、同じ状態です。

また、天気は人の行動に影響を及ぼします。大雨が降ったら、外出は控《ひか》えたい。晴れたら外出はしたい。でも暑すぎても困る。誰もが気にせざるを得ないのです。

②　相手が答えやすい

特に最初の会話は、ぎこちなくなりがちです。

会話はキャッチボールです。

最初は、相手が取りやすいボールを投げてあげなくてはなりません。

取りやすいボール、いわゆる相手が答えやすい話題をふってあげる必要があります。

「天気の話題」は相手がすぐに答えられます。

今暑いか寒いかはすぐわかりますし、世の中のほとんどの人が天気予報は気にするでしょう。雨が降ろうが雪が降ろうが関係ないという人はいないでしょう。

今ならＰＣやスマホでその場で天気予報を見ることもできます。

③ 相手のタイプを見抜ける

雑談は本題の前にするべきものであると思っている方が多いかもしれませんが、それはケースバイケースです。

まず、当初の目的を最初に果たしたい、いわゆる本題を終わらせたいと思う方もいらっしゃるのです。そのような方は最初にダラダラ雑談をすることを嫌います。

よって、すぐに本題に入ったほうがいいのです。

その相手のタイプを見抜くために、最初に天気の話題を使うのです。

「今日、暑いですね」と言ったとき、「そうですね」だけで早く会話を終了させたい雰囲気も醸《かも》し出したら、もう雑談をせずに本題に入っていけばいいのです。

あるいは面倒くさそうな顔をしたら、雑談はいったん終了です。

ここでダラダラ雑談をしてしまうと、相手はイライラし始めます。

まずは雑談をしても大丈夫な人かを見抜く。

雑談は実は必ずしも最初にしなければならないものではない、ということです。

本題を終わったあとに、雑談をすればいいのです。

これは、非常に大切なことです。

相手がどう感じているかを見抜こう

タイプに応じて雑談の仕方を変えよう

前項でもお話ししましたが、雑談は最初にしなければならないものではありません。本題の話が終わってからしてもいいのです。

ビジネスマンのなかには、「最短で最大の成果を出したい」と無駄話をあまりしたがらない方も少なくありません。

しかし、そのような方のなかには、目的を果たしたら少しリラックスして雑談をしたいという方もいらっしゃいます。

かつて私が営業で訪問した管理職の方々にはそのような方が少なくありませんでした。

広告会社時代に訪問したある企業の管理職の方とのエピソードをここでお話しします。

訪問して名刺交換し、席に座ったあと、「いや、今日は暑いですね」と言ったら、「夏は暑いのが当たり前だろ。それより今日は何の目的で来たんだ。目的を早く言え」とお叱《しか》りを受けたのです。

アポイントを取る際に、電話でお話しした際は、笑い声もあって穏《おだ》やかそうな方だなと思っていたのに、いきなり強くお叱りを受けたので、唖然《あぜん》としてしまいました。

そのような方でしたので、商談が終わり、次回の訪問につながる宿題をいただいた後、すぐ帰ろうとしましたら、「どうぞ。せっかくなのでお茶飲んでください」と言われ、さらには「暑いから営業は大変だよな」と向こうから天気の話をしてきたのにはビックリでした。

さらに「今日はこれからどこを回るの」と聞かれ、群馬県のＴ市と伝えると、「あそこはここより暑いんだよ」と話が弾《はず》んだのです。

それどころか「いや、俺もかつて営業してたときはさぁ、１日40件回ったこともあったよ」「難解なお客さんを何度も通《かよ》って落としてさぁ。これでもトップセールスマンだったんだよ」なんて言い出します。


そうなのです。

実は威圧的な方の中には話好きな方も少なくありません。

このような方で役職に就いている方や年配の方は、それ相応の実績、いわゆる過去の武《ぶ》勇伝《ゆうでん》をお持ちです。

そして武勇伝を話したがっています。

一般的に武勇伝や自慢話はあまり聞きたくないという人は多いでしょう。

でもこのような人はそれを話したい。どうすればいいでしょうか。

ここは積極的に武勇伝・自慢話を聞いてあげればいいのです。


武勇伝や自慢話は聞きたくない人の方が多いですから、むしろ聞いてあげる人になれば、相手から好感を持っていただけます。

よって、威圧的な人には本題が終わった後の雑談で、教えを請《こ》うようにしましょう。

しかし、ただ「教えてください」と言うのではなく、「私、○○が苦手なんですけど、教えていただけますか」「御社のショップ、どんどん増えていてすごいですね。どうやって来店者数を増やしているのか、教えてください」などでもいいでしょう。


きちんと理由を述べて教えを請うのは失礼に当たりません。

また、このようなタイプの方には、提案するときには2つの案を持っていくのがいいのです。

提案内容を５つ用意したり、１つしか用意しないのはよくありません。

なぜなら、この方は５つも選択肢があると選ぶのが面倒くさいと思ってしまうからです。

ならば１つだけ提案するのでもいいのではないかと思う方もいらっしゃるかもしれません。

しかし、１つでは不満なのです。

なぜなら、自分で決めたいからです。

よって、２つの案を持って行って、１つを選んでもらう。

初対面の場合で、５つの提案書をその日持っていったら、「お話を伺っていますと、これとこれとこれは違いますよね。だとするとこの２つが候補ですかね」と言いながら絞《しぼ》っていき、選んでもらえばいいのです。

理屈っぽい人が一番大切にしていることは？

威圧的な人とは別に理屈っぽい人や数字を使って論理的に話すタイプの人もいます。

このような人を苦手と思う方は少なくないでしょう。一生懸命雑談をふっていても、つまらなそうな対応をしたり、人を馬鹿にする感じで、私も困ることがありました。


このようなタイプの方にはどうしたらいいのでしょうか。

実はこのタイプの方は雑談自体は嫌いではありません。ただ、目的のない雑談が嫌いなのです。

このようなタイプの方が一番大切にしているのは「リスクの回避」です。

よって取引する際、次のことを気にします。

・この会社と取引して大丈夫か？
・この商品、サービスを利用して問題ないか？

・この営業マン、担当者で大丈夫か？

商談の際はこのようにリスクがないかを吟味《ぎんみ》しながら話をします。

よって、天気の話や食べ物の話などでアイスブレイクしてもあまり効果はありません。もちろん一往復や二往復ぐらいアイスブレイクするのは構《かま》いませんが、あまり仕事とは関係のない話をしても意味がありません。

むしろイライラさせてしまい、逆効果になることもあります。

このようなタイプの方には、できるだけ早めに「仕事に関する雑談」に入るようにしましょう。具体的には業界の話、相手の会社の話、関連するニュースなどがいいでしょう。アポイントを取って訪問するなら、相手の会社のＨＰから題材を探して準備しておくといいでしょう。

なお、アポイントを取っての訪問の場合、ＨＰを見てわかることを聞くと逆効果になります。「創業はいつなのですか？」「本社はどちらなのですか？」「どんな業種なのですか」はタブーです。

ただ、ＨＰの内容を全部暗記することは難しいので、私は相手の会社のＨＰを印刷した紙を手帳とともに出すようにしていました。

さらにワンポイントとして、付箋《ふせん》などを貼《は》った状態にしておくと、「おっ、きちんと勉強してきたな」と思ってもらえます。

この印刷した紙を出しておくのはこのタイプの方以外にも有効です。面談前に調べてきて、それを嫌がる方はいませんから。むしろ好感を持ってもらえます。

プラスで私がしていたのは、「相手の会社のお客様」を知るようにしていました。

例えばＨＰに取引実績の記載があるなら、「御社は○○住宅さんとか、住宅メーカーがお客さんになるんですね」とお聞きします。

すると、相手も「そうですね。他にはリフォーム会社・車のディーラーなんかもお客さんですよ」と答えてくれるかもしれません。

飛び込みなどで訪問した際は、直接聞いてしまってもいいかもしれません。

「相手の会社のお客様」を知ることによって、こうすればさらにお客様の満足度が上がりますよとアドバイスできるかもしれません。

あるいは直接そのようなお客様を紹介することによっての貢献もできます。

このようなタイプの方に対しては、リスクを１つ１つ消していくことが商談では大切になります。

雑談をしながらどのようなリスクを恐れているかを聞いてあげるといいでしょう。

なおこのタイプの方には強引なクロージングは厳禁です。

もちろん、強引なクロージングは相手に失礼にあたり、昨今では減っています。しかし、普段はそうでなくても、どうしても目先の数字が足りないとき、つい強引なクロージングをかけてしまいたくなることもあるでしょう。

では、なぜ強引なクロージングがいけないかというと、このタイプの方は「強引なクロージングだ。商品やサービスに何か欠陥《けっかん》があるのではないか。怪《あや》しいから止めておこう」となってしまうからなのです。

よって1つ1つリスクを消す作業が終わっても強引なクロージングはしてはなりません。ただし、このタイプにはリスクばかり気になって決められない方もいますので、期限を区切ってあげる必要があります。

この場合も、ただ単に「では来週の金曜日の午前中までに決めておいてください」という言い方ではなく、「この商品、メーカーに来週の金曜日のお昼まで特別に押さえてもらっているのです」「月末までに納品するとなると、来週の水曜日までに決めておいていただく必要があります」などと期限を区切る理由をセットで伝えておく必要があります。

共通の話題はすぐ近くにある

雑談において盛り上がるのは「共通の話題」です。

出身地、出身学校、最寄りの駅が同じであれば、話は盛り上がります。

「共通の知人」がいたり、趣味が同じである場合もそうです。

しかし、「共通の話題」を見つけるために、相手にいきなりヒアリングするのもよくありません。

例えばもし、あなたが人事の採用担当で、営業に来た人材派遣会社の人に「どちらのご出身ですか？」「最寄りの駅はどちらですか？」と聞かれても、答えるのに戸惑《とまど》うのではないでしょうか。

あらかじめあなたのことを調べておけばいいのでは、という話もありますが、相手の会社のことを調べることはできるにしても、個人まで調べることはなかなかできないものです。

また、かつて私がしていた飛び込み営業では不特定多数の法人を訪問するので、いちいち調べることもできません。

それに、都度検索していたら時間がいくらあっても足りません。

実は「共通の話題」は準備しなくてもすぐ見つかるのです。


例えば、居酒屋に入ったとき、メニューを見ながら「今日は何がいいかね？」と盛り上がることはありませんか？

「今日は気分的に焼酎《しょうちゅう》かな。あまり酔《よ》いたくないからウーロンハイにしておくかな」

実はこれは「共通の話題」だから盛り上がるのです。

これからオーダーをするという共通の目的があります。

何よりも、「メニュー」というお互いに見えている共通のものがあるから盛り上がるのです。

「この魚、何ですかね」

食べながら、こんな会話をすることもあるでしょう。

これは「お互いに見えている魚」という共通の話題だから自然なのです。

実はビジネスでも共通の話題は瞬時に見つかるのです。

そうです。「目に見えるもの」を話題にすればいいのです。

このことを知ってから、私はどんなときでもスムーズに雑談をできるようになりました。

また、「目に見えるもの」を探すとき、周りを見渡すのでリラックス効果も得られます。


では、具体的にどうしていけばいいかをお話ししていきます。

① 外に見えるものを話題にする

かつて、海の見える高層ビルのオフィスに定期的に訪問していたことがあります。

そのとき、「絶景ですね」と必ず盛り上がっていました。


私は現在、講演や研修の仕事で全国各地に行きます。

京都から金沢に移動していたときのことです。

この移動では「サンダーバード号」という特急に乗るのですが、その列車は琵琶湖《びわこ》の西を走ります。

その際、びっくりしたのですが、琵琶湖が見えてくるなり車内放送が始まったのです。

「右手に見えるのは琵琶湖で、今日は天気がいいのでよく見えます」

正確な言葉ではないかもしれませんが、こんなニュアンスの言葉でした。

１回きりの放送でしたが、立ち上がっている人もいました。

これは「琵琶湖」という見えるものがあるから盛り上がれるのです。

しかし、この外の見えるもの、「富士山が見える」「海が見える」などの絶景のときしか、使えないのではないかと言う意見もあるかもしれませんが、そんなことはまったくありません。

例えば、訪問先の人はほとんどが１日をその会社で過ごします。

当然、その間に飲食もするわけです。

ですから、「コンビニ」「飲食店」などを話題にしました。

「あっ、割と近くにコンビニがあるのですね」

「あっ、通り沿いに吉野家があるのですね」

「あっ、○○ラーメンが近くにあるのですね」

「あそこにすごい行列ができていますけど、何のお店ですか？」


駅の話題もいいでしょう。

「こうやってみると駅からまっすぐでわかりやすいですね」
「あれ、向こうにも駅がありますね」

② 室内で見えるものを話題にする

例えば、オフィスの家具が赤で揃《そろ》っていれば、「御社の家具は赤が多いですね。何か理由はあるのですか?」と聞いてもいいですし、社訓や経営理念が飾《かざ》ってあれば、「いい言葉ですね」などと言ってもいいでしょう。

特に経営者の方は喜ぶでしょう。

絵が飾ってある場合などは、「何の絵ですか?」と聞くのもいいでしょう。

あるいは、座り心地のいいソファならば「すごく快適ですね」などと言ってもいいでしょう。また、天井の高い部屋に通していただいたのであれば「天井が高いと広く快適に感じます」と言うのもいいでしょう。

なお、この場合「感じます」といった自分の主観であるという伝え方がいいでしょう。決めつけるような言い方だと上から目線にとられて、相手の気分を害する危険性があります。

コーヒーを出していただいたら、「ありがとうございます。おいしいですね。私はブラック派なんですが、○○さんは？」と聞くのもいいでしょう。

その他に身につけているものの話題をふるのもいいでしょう。

ただし、このときは注意が必要です。男性から女性を褒《ほ》める場合、「そのシャツの色、キレイですね」「スカーフの柄《がら》がオシャレですね」など、身につけているものの話題は避《さ》けたほうがいいでしょう。

人によっては「変なところを見られている」と、セクハラに感じてしまうかもしれないからです。

また、慣れるまではなかなか気も配れないので、どの部分をチェックするか決めておくといいでしょう。

具体的には私は次のようにしていました。

①　壁を見て、社訓や表彰状や絵をチェック

② 出された飲み物

寒いときに温かいコーヒーを出していただいた際に、「いや、温まります。ありがとうございます！」だけでも効果的です。暑いときもしかりです。また湯飲みなどが高級そうな場合、「すごくいい湯のみですね」と感想を伝えます。

仮に見かけだけで実は高価でない場合は「そんなことないよ」と返されますが、「そうですか。高級そうだなと感じました」と「感じました」で返せば、相手が気分を害することはないでしょう。

逆に高級なものでしたら「よくぞこの話に触れてくれた」と相手の印象をよくできます。

③ 家具をチェック

もちろん、これらの話題は戦略的な雑談というよりも、場を柔《やわ》らかくする「アイスブレイク」的な要素が強いものです。ですから、気楽に進めていくのがいいでしょう。

また、このように部屋の内外をゆったり見回すのは商談前にリラックスできる効果も望めますので、儀式として取り入れるといいでしょう。

名刺は雑談のネタの宝庫

ビジネスで名刺交換の場面は、会話の糸口をつかむチャンスです。

たまに名刺を交換するとろくに見もせずに、名刺入れにしまってしまう人がいますが、これは非常にもったいないことです。

かつての私も名刺交換は儀式くらいにしか思っていませんでした。

しかし、あるとき、上司と同行営業に行った際、先方の苗字が珍《めずら》しく、上司が「どのようにお読みしたらいいのですか？」「ちなみにご出身はどちらなのですか？」という会話をしているのを見て、「苗字が珍しかったら質問するといい」と思ったくらいでした。

でも、これだけではもったいありません。

名刺には会社の所在地、肩書、拠点などたくさんの情報が盛り込まれています。

昨今では、オシャレなデザインの名刺、高品質な紙を使った名刺、自分のエピソードの入った名刺、写真入りの名刺なども増えてきています。

私自身も現在はコンサルタント・講師として、印象に残るようインパクトのある名刺を使っています。非常に相手に覚えてもらいやすくなっています。

また、趣味や今まで住んだことのある場所、好きな音楽まで載《の》せているので、相手も質問しやすく盛り上がっています。

これは私が独立していて自由に名刺を使えるからできるのであって、人によっては会社から支給されているシンプルな名刺で突っ込みどころなんかないよという方も少なくないでしょう。会社員時代の私もそのような名刺でしたから、わかります。

しかし、そのような場合でも名刺は雑談のネタになります。

では、どのような点を話題にするといいのでしょうか。

① ロゴ・イラスト・顔写真・似顔絵

名刺にロゴやイメージキャラクターのイラストが入っている場合はその由来を聞くといいでしょう。

なお、写真入りの名刺の場合、「実物よりよく見えますね」などというと、気分を害する方もいるので、「顔写真があると印象に残りやすいですよね」と言うに留めておくのがいいでしょう。

② 経営理念・会社名

もし、名刺交換をしたお相手が代表取締役などの経営層の場合、名刺に載っている経営理念について触れてみるといいでしょう。

経営理念には思い入れがありますから、相手も饒舌《じょうぜつ》になってくれるでしょう。

加えて会社名の由来を聞くのもいいでしょう。

会話が広がりやすくなるのは間違いないでしょう。

③ 住所

そうはいっても、ロゴやイラスト、写真もない場合はなかなか糸口をつかめないでしょう。また、一般社員に経営理念などを聞いてもなかなか答えづらいというのもあります。

そのような場合、所在地あるいは支店などを含めた拠点について話すのがいいでしょう。

所在地の載っていない名刺はありませんから、どんなときでもネタにできます。


例を挙げてみましょう。


「南青山３丁目というと最寄り駅はどちらですか？」

「本社が福井県の鯖江《さばえ》市なのですね。眼鏡《めがね》で有名ですよね？」

「埼玉県の川越《かわごえ》にも拠点がおありなのですね。高校が川越にあったので懐《なつ》かしいです」
「北青山2丁目なのですね。〇〇っていうお蕎麦屋さんご存知ですか？」
「今日は上尾《あげお》からいらしたのですね。ここまでどれくらいかかりましたか？」
「北海道の旭川《あさひかわ》に本社がおありなのですね。旭川って何が美味しいのですか？」

その住所に縁があるならば、自分のネタをふるのがいいでしょう。「高校が〇〇でした」「芝浦《しばうら》にお客様がいて毎月伺いますよ」などでもいいわけです。

あるいは上の例にもあるように、その土地のことを聞いたり、ここまでの所要時間、路線などをヒアリングするのもいいでしょう。

また初対面ならば、ホームページ、ブログをチェックします。「御社はどのような業種ですか」「肩書におありのES推進部ってどんなお仕事なのですか？」などを糸口にするのもありです。

ただし、アポイントを取って訪問している場合は「ホームページを見てこなかったのか」と相手の信頼を失くしたり、あるいは上場企業などが相手の場合「ウチの会社を知らないのかよ」などと思われてしまうので、業種などを聞くのは避けたほうがベターでしょう。

名刺はたくさんの情報が盛り込まれている

なお、先に挙げましたお名前が珍しい方に読み方を質問する場合、注意点があります。それは「変わったお名前ですね！」「珍しいお名前ですね！」というような言い方をしないことです。

これはある珍しい名前の方から教えていただいたことなのですが、「珍しい」と言われ続けていると自分が変わり者だというレッテルを感じてしまうからだそうです。

よって、「大変失礼ですが、苗字は何とお読みするのですか」という聞き方がいいでしょう。その際、笑いながら快《こころよ》く答えていただければ「ありがとうございます。差し支えなければどちらの出身か教えていただいてもよろしいでしょうか」と言った聞き方をすればいいのです。

もし嫌そうな顔をしたら出身地の質問などはしないほうがいいでしょう。

なお、私の場合は自分を落としてこのような言い方をしていました。

「○○さんという苗字の方に初めてお会いしました。初対面の方にもすぐ覚えていただけるので、印象に残るお名前はあこがれます！　私は吉田という必ずクラスに1人はいる名前でしたから。高校では3人もいました」

また、名前に共通の文字があれば「同じ弘という字ですね」と話題にしていました。

雑談から本題へうまく切り替えるには？

雑談ではいい雰囲気だったのに本題に入ったらぎこちなくなったなんて経験はないでしょうか。

これは、雑談でのいい会話の流れをストップさせてしまっていることに要因があります。

具体的によく使われている会話をストップさせてしまう言葉として、次のようなものがあります。

・「それでは本題に入りましょうか」
・「さて、本日の要件ですが」
・「話は変わりまして」
・「では、提案書の話に入りますね」

このような言葉を使うことで、せっかく自然に話していた相手も、「ここからは本番だから余計なことは言わないようにしないと」と、警戒のスイッチが入ってしまうのです。

せっかく雑談でいい雰囲気を作っていたのに、これではもったいないです。

例えば、あなたが住宅メーカーの営業マンだったとします。住宅メーカーでは家族構成を知ることが重要な要素です。では、次のような雑談はどうでしょうか？

営業マン「あそこにグローブがありますね。私、野球が好きなものでつい目に入ってしまって。もしかしたら、どなたか野球をされるんですか？」
お客様「はい。あれは息子のです。少年野球をやっているんですよ」
営業マン「息子さんのものなんですね。それでは本題に入りましょうか」
お客様「はい……（少し構えた感じになる）」

これでは結局、息子さんが野球をやっているという情報をつかんだものの、ただの雑談で終わってしまいます。

一方でデキる営業マンは雑談と本題を分けずに曖昧《あいまい》なまま本題に入っていきます。

営業マン「あそこにグローブがありますね。私、野球が好きなものでつい目に入ってしまって。もしかしたら、どなたか野球をされるんですか？」
お客様「はい。あれは息子のです。少年野球をやっているんですよ」
営業マン「息子さんのものなんですね。私も少年野球やっていました。懐かしいな。ところで、息子さんは何年生なんですか？」
お客様「小学校5年生です」
営業マン「5年生ですか。じゃあ、これからどんどん上手になるときですね。楽しみですね。ちなみに、他にもお子さんはいらっしゃるのですか？」
お客様「はい、２人います。上は中学1年生で、下は幼稚園の年長です」
営業マン「そうなんですね。３人もお子さんがいらっしゃるとにぎやかでいいですね」
お客様「そんなことないですよ」
営業マン「あっ、思い出しました。お子さんの多い方におススメの建売住宅の件、２つ隣の駅なんですけどね」
お客様「教えてください」

前者の営業マンと比べてこの優秀な営業マンは、家族構成（お子さんが３人）ということを聞きだしています。さらに「思い出しました」と言って本題に入っているため、相手も警戒しません。雑談から本題への流れを分断していません。自然に移行しています。

コツとしては、「雑談をきっかけに思い出した」という体《てい》をとることです。

こうすることで、話を聞いてもらえるのです。

・「そうそう、先月同じような悩みを抱《かか》えていらっしゃる方におススメした案件を思い出しました」

・「あっ、そういえば」

・「今、お話を伺っていて思い出したのですが」

しかし、先ほどの住宅メーカーの営業マンの方のように、雑談の話を本題にリンクさせられればいいのですが、なかなかそうもいかない場合もあります。

そんなときでも、上記の「あっ、そういえば」「そうそう」というような言葉でつなげば警戒心を抱かせずに本題へ移行できます。

このような雑談から本題へ移行するキラーフレーズを準備しておくといいでしょう。

雑談の流れのまま本音を聞きだせるかもしれません。

沈黙になってしまった！　このように乗り切ろう！

「場をつなぐために何か話さなくてはいけない」

かつての私は常にそう思っていました。

沈黙が続くと焦《あせ》って、余計なことばかり言っていました。

・曖昧な知識のまま知ったかぶりで時事ネタを話す。
・あるいは、パーティー会場でワインについての間違ったうんちくを語る。
・自分がどれだけすごいかをアピールしようとする。

このような状態でした。

また、商談でひと通りのプレゼンをした後、相手が沈黙になると、「この商品はこういう使い方もあるんですよ」と話し続けたり、挙句《あげく》の果《は》てには「この金額だと高いですよね。値引きしますよ」と勝手に値引いたりしていました。

旅行会社の頃にはできもしないオプションを無理に付けて、後で問題になったこともありました。

沈黙は相手が怒っている、あるいはこの状態に不満足であると思い込み、自身の心配を消すために、話し続けてしまっていたのです。時には自分でも何を言っているのかわからない状態になり、相手に不思議な顔をされることもありました。

なぜ、沈黙に耐えられなかったのでしょうか。

「自分はどう見られているんだろう？　感じがいい人と思われているだろうか？　優秀な人と思われているだろうか？　面白い人と思われているだろうか？」

これればかりが気になってしまっていたのです。意識が自分ばかりに向いていたのです。

そうではなく、沈黙が起きたときは、意識を相手に向けるべきです。

また、沈黙は相手が意見をまとめていたり、考えていたりするときに起きます。

そんなときにごちゃごちゃ言っても、相手によい印象を与えません。

では、どうしたらいいのでしょうか。

沈黙は、そのままやり過ごせばいいのです。

しかし、「そうはいっても沈黙はつらいよ」という反論があるかもしれません。確かに慣れない人は、15秒くらい沈黙が続くと焦ってしまいます。

そのような沈黙が苦手な方は、次の５つの方法をとるとよいでしょう。

①　沈黙が苦手なことを自己開示してしまう

「このようにしーんとしてしまうと、何か緊張してしまうんですよね」

「静かなの苦手なんですよね」


このように自己開示して言ってしまうことです。

そうすると相手は笑ってくれます。


しかし、この方法を使うには注意が必要です。

それまで柔らかい雰囲気で笑顔があったり、和《なご》やかだった場合に限定してください。

明らかに厳《おごそ》かな雰囲気の商談でこのように言ってしまうと、「何を言ってるんだ」と相手をイライラさせてしまうかも知れません。

② 場を離れる

例えば社内の上司との面談で沈黙してしまった場合は、「あっ、お客さんに一本電話しなくてはいけなかったんです」などと思い出したように言えばいいでしょう。

相手がお客さんならば、上司も「そうだな。じゃあ15分くらい休憩するか」、あるいは「よし、明日までに答え出せばいいか」などと反応してくれるでしょう。

一方、社外での商談などの場合は、商談の内容とリンクづける必要があります。

具体的には、「社内に確認するので一本電話していいですか」といった状態です。

例を挙げてみましょう。

「先ほど提案した広告、今朝の時点では空きがあったのですが、人気商品のため、もう一度空きを確認してもよろしいですか？」

「祝日をはさんでおりますので、念のために納期を確認してもよろしいですか？」

「月末に納品を間に合わせるには、何日までに発注すればいいか確認してもよろしいでしょうか？」

「先ほどご希望いただいたホテル、空きだけでも確認しておきましょうか？」

この際、「念のために」を強調するようにしましょう。

③ 話題を変える

場を離れる用件もない場合は、話題を変えるのがいいでしょう。

沈黙の後の話題にはインパクトがあります。

よって、プレゼンの内容の補足を言うと効果があるのです。しかも、思い出したように言うとよいでしょう。


「そういえば、あの商品はこういう効果もあります」

「○○ホテルは露天風呂が海沿いにあって好評です」


さらに相手の購買意欲を促すようなひと言を付け加えましょう。この場合、思い出したように言うから、わざとらしくありません。また沈黙の後なので、沈黙を恐《おそ》れて矢継《やつ》ぎ早《ばや》に言うのとは違います。

私の会社員時代のトップセールスマンであった先輩には、わざと沈黙を使ってその後にインパクトを与えている人もいました。

商品の特徴が3つあるとしたら、プレゼンの際には2つしか言わないのです。そして沈黙の後やラストの場面に思い出したように一番インパクトのある1つを言うのです。沈黙の後にキラーポイントを使うのは非常に有効です。

④ 過去の話にさかのぼる

上記3つの質問が難しい場合には、過去の話を質問してみるのもいいでしょう。

「昨年は御社ではどの商品が一番売れたのですか?」
「先月は、どの地域が一番売れたのですか?」
「今年の上期で、一番来店者数が多かったのはどの店舗ですか?」

過去の質問は未来の質問と違って、相手が答えやすいという特徴があります。未来の質問は考えて答えなければなりませんが、過去の質問なら思い出せばいいだけだからです。

なお、このような質問をする場合は、自分の情報を先に開示するか、あるいは「差し支えなければ」などのクッションワードを使うようにするといいでしょう。

⑤ 過去のキャリアを聞く

例えば、今までどんな仕事をしていたのかを聞いてみるのもいいでしょう。

特に役職についている人には効果的です。役職についているのは、過去に何らかの功績があったからです。ここに触れることで、相手のプライドをくすぐることができます。


「○○さんは、この業務にどれくらい携《たずさ》わっていらっしゃるのでしょうか？」

「○○さんは、営業をされてどれくらいになるのですか？」

「○○さんは、こちらの支店にはどれくらいいらっしゃるのですか？」


ここで相手が自慢話や武勇伝を語り出したら、こっちのものです。それを相づちを打ちながら真面目に聞くことで、相手との距離は縮まります。一方で、相手が話したくない雰囲気でしたら、「大変失礼いたしました」と切り上げるのがベストでしょう。

相手の長い話をうまく終わらせるひとこと

相手の長い雑談を止めたいとき、どうしたらいいか困るなんてことはありませんか。


かつて私が営業をしていたときのことです。

非常にお世話になっていた社長がいらっしゃいましたが、その方との面談では、いつも雑談が長引く傾向にありました。

そのときも、あるスポーツの話題で、盛り上がっていました。

ふと時間が気になり、時計を見ると、目が点になりそうになりました。

「……（ヤバい。急いで出ないと、A社のアポに間に合わなくなってしまう）」

そう思った私は、このように伝えます。

私「社長、すみません。次のお客様のところに行かなくてはならないので、そろそろ失礼します」

社長「（急に怒り出す）なんだ、その言い方は、失礼だな」
私「……（なぜ怒られたのかわからないが、すまなそうな顔をする）」
社長「何で俺が怒ったかわかるか」
私「すみません……（何でだろう）」
社長「『次のお客様に行かなくてはいけない』という言い方が失礼なんだよ。まるで俺より次のお客様のほうが大事って言ってるのと同じだぞ」
私「大変申し訳ございませんでした。今後、厳重に気をつけます」

社長は懐《ふところ》の深い方であり、若手社員であった私を許していただきました。今となっては非常に恥ずかしいことです。

では、このとき、どう言えばよかったのでしょうか。
あるとき、優秀な営業マンの先輩に相談してみました。
その先輩なら次のようにするそうです。

まず、アポを取る際に長くなりそうなお客様には「すみません。今日は１時間しか取れません」とあらかじめ伝えておきます。さらには訪問した際にもお伝えしておきます。

しかし、お客様はうっかり忘れてしまうかもしれません。

あるいは、初めてお伺いするお客さんで思いがけずに話が長引くという場合もあります。

この場合、次のようにします。

・「そういえば」という言葉を使う

ここで、「話は変わりますが」「それとは別の話ですが」「それは置いておいて」などの言葉は非常に危険です。

言われた側は「否定された」と思われてしまうかもしれません。

使うといいのは「そういえば」という言葉です。「そういえば」は「思い出した」といったニュアンスのつぶやきでもあります。

「社長、話を遮《さえぎ》ってすみません。そういえば……」

このような言い方なら、相手も抵抗なく話を止めて聞く側に入るでしょう。

では、「そういえば」の後、どのような話の展開に持っていけばいいのでしょうか。

「そういえば」を使ってみよう

①　本題の重要な話をする

「言い忘れていてすみません。この商品にはこんな特徴があったのです」と、重要な商品の特徴を伝える。先ほど沈黙のパートでお話ししたように、ここで伝えるとインパクトがあるという内容の話をするといいでしょう。

その後、「本日はお忙しいなか、お時間をいただき、ありがとうございました」とまとめてしまえば、自然な形で終わらせることができます。先ほどの雑談の話に戻ることはないでしょう。

②　質問および確認をする

「先ほどの本題のお話を念のため、確認して整理させていただいてよろしいでしょうか」と確認します。

このような言い方なら、相手も「そうだね」と長い雑談を止めて耳を傾《かたむ》けてくれるでしょう。「きちんとした営業マン」だとむしろ相手に好感を持ってもらえるでしょう。

大切なのは一度、こちらの話に持っていって、終了させることです。

相手の話の最中に遮るのは非常に危険です。

終わりよければすべてよし！　最後の印象が重要です！

前にも触れましたが、雑談に対する誤解として「雑談はすべて本題に入る前にしなければならない」というものがあります。人によっては本題の前には雑談するけど、終わったら雑談はせずにすぐ帰るという人もいます。

なかなか1回で決まる仕事はありません。

仮に1回で仕事が決まったとしても、今度はリピートするかどうかという問題があります。実は本題が終わった後の雑談は非常に大切なのです。

「終わりよければすべてよし」という言葉があります。

去り際は大事なのです。

最後の印象が相手に残るからです。

それまで非常に感じがよく気配りをしっかりして好感を抱《いだ》いていた人が、最後あっさりと、丁寧な挨拶もせずに帰ってしまうと、「あの人は単に契約が欲しかっただけではないか」と悪い印象を抱くかもしれません。

逆にぎこちない商品説明をしていたり、提案のニーズが合わなくても、最後まで丁寧でよい印象を相手に与えれば「またチャンスをやろう」と思ってもらえるかもしれません。

私自身、かつて営業マンの頃、コンペに負けても丁寧に対応していた結果、翌年は選んでもらった、あるいは3年かかって仕事をいただけたなんてこともありました。

本題が終わって受付まで見送って帰るまでの間は、気を抜くどころか、相手との距離を縮める重要な時間なのです。

では、具体的にどのような雑談をしたらいいのでしょうか。

ここで大切なポイントは、相手にいい印象を残し、次回の面談につなげることです。

ポイントは、次の2点です。

①　宿題を作る

次回までの宿題を作るのです。もちろん本題で次回までの宿題は作っているかもしれません。

「北海道で１泊２日の旅行の企画を作ってほしい」

「高校生にリーチできる広告媒体を探してほしい」

「コストは多少かかっても集客につながる媒体を探してほしい」


雑談上手な人は本題以外の雑談でも宿題を作っているのです。

人は誰しも「教えたい」という願望を持っています。

例えば、あなたが非常に面白い映画を観てきたとします。この事を誰かに伝えたいと思いませんか？

さらに、その教えたことをやってくれた人、例で言えばお薦《すす》めした映画を観に行ったという人には好感を持つのではないでしょうか？

雑談上手な人はわざと相手に教えを請《こ》うのです。

そうはいっても、相手の得意なものがわからないとそれはムリではないかと思う方もいらっしゃるかもしれません。

相手がゴルフが得意とわかっていれば、「飛距離を伸ばすクラブありませんか？」などと聞くことができますが、そうもいかないでしょう。

では、何を教えてもらえばいいのでしょうか。
私がよくやっていたのはお店の場所を聞くことでした。
訪問先に行って次のような会話をしていました。

自分「今日はありがとうございました。ところで一つ教えていただいてよろしいでしょうか？」
相手「何でしょう」
自分「今日この辺りで食事をとっていきたいのですが、どこかおススメなお店はありますか？」
相手「何が食べたいですか？」
自分「そばとか魚とかさっぱり系がいいですね」
相手「そばだったら、◯◯庵っていうお店がいいよ。魚だったら◯◯ダイニングがランチもやっていておススメだよ」
自分「ありがとうございます。行ってみます」

食の話だったら相手も答えやすいので、話題にしやすくなります。

これが面談前だったら、眉《まゆ》をひそめる方もいらっしゃるかもしれませんが、面談後でしたら、相手もリラックスしているので、問題ないでしょう。

さらにこの後、訪問後のお礼のメールで「ps. ○○ダイニングご紹介いただき、ありがとうございました。すぐわかりました。とても美味しかったです」と送ったり、次回の訪問の冒頭で伝えればいいのです。

これは次回の面談の冒頭のネタにもなるので、おススメです。

でも、食事の時間帯しかこのワザは使えないのではないかと思う方もいらっしゃるかもしれません。

そんなことはありません。大切なのは次の２点です。

第１段階：教えを請う
第２段階：実行して、教えていただいたことにお礼を述べる

教えてもらうことはたくさんあるはずです。

「この辺でコンビニはどこが近いですか」
「ガソリンスタンドに寄りたいのですが、どこが一番近いですか」

「会社にお土産を買って帰りたいのですが、鱒寿司《ますずし》だったらどのお店がいいですか？」

そして教えていただいたことに対して「コンビニにすぐたどり着けました。助かりました」などと言えばいいのです。

その他にも相手が年上の経営者の方なら「読んでおいたほうがいい本」などを聞くのもいいでしょう。特に応接室に書棚がある場合、並んでいるジャンルの本について聞いてみるといいでしょう。「教えていただいたあの本読みました」と言って、次回の雑談のネタにすることもできるでしょう。

何よりも、人は教えたことを実行してくれた相手には好感を持つものです。

② 次のお休みの予定

人は「自分の言ったことを覚えてくれている」相手にも好感を持ちます。

ここでおススメなのは「次のお休みの予定」です。

一部のワーカホリックの方は別かもしれませんが、ほとんどの方は「お休み」が好きです。お休みの話題は盛り上がる鉄板《てっぱん》です。特に本題の後はリラックスタイムなので効果的でしょう。

ただ、そうはいっても、いきなり質問しても相手は答えにくいかもしれません。

このような場合、自己開示しながら質問するといいでしょう。

営業「そろそろゴールデンウィークですね。まだ私は何も考えてないのですが、どこか行かれる予定はおありなのですか？」

お客「そうだね。仲間で栃木の那須《なす》にゴルフに行ってついでに温泉に泊まってこようかなんて言ってるんだけどね」

営業「那須、いいですね……」

このように相手の情報を質問しておいて、２回目にお会いした時に「那須いかがでしたか？」と聞けばいいのです。

こちらの言ったことを覚えてくれているなと好印象を抱いてもらえる確率が高いでしょう。

まれに、「アップダウンの激しいゴルフ場で最悪だったよ」なんて答えが返ってきても、「すみません。余計なこと思い出させてしまって」と返せば、相手も悪い印象を抱くことはないでしょう。

これは長期休みでなくても、普段の週末の話でも使えます。

営業「今週末は天気もいいみたいですね。どちらか行かれるご予定はあるのですか？　私は久しぶりのんびりショッピングでもしようかと思ってます」
お客「そうだね。ちょっと河口湖に釣りでも行こうかと思っていてね」
営業「釣り、いいですね。この時期は過ごしやすいし、楽しみですね」

ここで大切なポイントは次の3点です。

①　自己開示する際、自分の充実ぶりを誇張しない

例えば、次の休みは「ハワイで過ごす」「ビジネススクールに行く」など、充実してそうなことは言わないほうがいいでしょう。

これでは自己開示する意味がなくなるからです。

「何だ、この人は自慢したいのか」と思われてしまう危険性が出てきます。相手も答えにくくなるでしょう。そもそも自己開示は相手に話しやすくさせるものであり、質問する側が少し充実感を下げたほうがいいのです。

「まだ何も予定はないのですが」「のんびり釣りでも行きたいなと思っているのですが」

「ゆっくり休みたいとは思っているのですが」などの曖昧な言い方のほうがいいでしょう。

②　２回目の訪問で必ずその話題に触れる

大切なのは「相手の話を覚えていますよ」とアピールすることです。

後ほど第５章で説明する雑談ノートなどに「話した内容」を書いておくといいでしょう。


逆の立場での話になりますが、かつて何千人もの従業員を束《たば》ねていらっしゃる社長さんと面談をしたことがありました。

驚いたのはこの方と２回目の面談をしたときのことでした。会うなり、いきなりこう言われました。

「吉田さん、こんにちは。今日は寒いね。そうだ、九州は楽しみました？　ラーメンは食べた？」

前に社長とお会いしたのは２ヶ月前でした。そのとき、帰り際にラーメンのお話をして、「今度九州に行くんですよ」とちらっと言っただけです。それなのに社長は覚えてくれていたのです。

びっくりしました。社長からすると、私は営業をしている側の会社のただの営業マンです。一気にその社長のファンになりました。

③ 相手への気配りをする

相手が忙しそうなとき、あるいはお休みの予定を聞いて、休む暇なんかないよと言われたときは、相手をねぎらうような言葉をかけるといいでしょう。

「今お忙しい時期ですよね。お身体には気をつけてくださいね」

「だいぶ寒くなってきましたよね。体調にはお気をつけくださいね」

あるいは、目上の人でねぎらうような言葉をかけると逆に気分を害しそうな方には、「本日はお忙しいなか、お時間をいただきありがとうございました」「勉強になりました」など、丁寧な挨拶をすることです。

仮に参考になる話などがあった場合は、「この点が非常に勉強になりました」などと伝えるとよいでしょう。

相手への質問ではありませんので会話は弾《はず》みませんが、あなたへの印象はよくなるはずです。

第3章　ひとことで、グッと親しくなれる雑談術

人間くささを見せると、親近感をもたれる

何度もお会いしている人や、普段からよく顔を合わす会社の人たちには、ただ天気の話や目に見えるものの話をするだけでは距離が縮《ちぢ》まりません。やはり距離を縮めるのは「あなたという人はどういう人間か」、いわゆる人間くささを出すことです。相手は、あなたの人間性に魅力を感じ、距離も縮まります。

なかでも「ショックだった出来事」「ちょっとした失敗談」「ついやってしまって後悔するようなこと」など、ちょっとした笑いのとれる打ち明け話をするといいでしょう。

ただし、大切なのは「ちょっとした」です。「身近な人が重い病気にかかっている」「借金がかなりあって首が回らない」といった深刻な話はNGです。

また、「電車の中につい傘を忘れてしまい、また買ってしまった」といった小さな失敗はいいですが、「かつて重要な契約書を電車の中に置いてきてしまって大変だった」とか「つい朝寝坊してしまい、よく怒られている」といった、この人と仕事をして大丈夫だろ

うかと心配されてしまうような話は避《さ》けたほうがいいでしょう。

あくまで「小さな」「ささやかな」笑いの起こるネタにしましょう。

なお、これらの話をするとき、相手がイメージできるようにする必要があります。そうでないと、きょとんとされて終わってしまいます。

具体的には、次の２点のいずれかを話に入れると盛り上がりやすくなるでしょう。

① 数字を使う

例えば、夏のある朝、同僚と会社のあるビルの下で一緒になったとき、このように話したとします。

自分「おはようございます。今日も雨降りますかね？　昨日の暴風雨、大変でしたよね」
同僚「私はたまたま社内にいたから助かりましたが……。外回りの人は大変でしたよね」
自分「ええ。昨日は途中で買った安い傘が壊《こわ》れて高い傘を買うはめになりました。災難でした」
同僚「大変でしたね」

よくある盛り上がりにくい話です。
「安い」「高い」という形容詞があまりイメージできないからです。
この場合、数字を使うといいでしょう。

このケースでは、次のように言い換えることができます。

自分「おはようございます。今日も雨降りますかね？　昨日のゲリラ豪雨大変でしたよね」
同僚「私はたまたま社内にいたから助かりましたが……。外回りの人は大変でしたよね」
自分「ええ。しかも何と買ったビニール傘がたった10分で壊れちゃって！」
同僚「それは大変ですね」
自分「悔しいので、次のお店で１５００円する高級傘を買いました。痛い出費です」
同僚「１５００円も！　それは痛いですね。でも１５００円もするなら頑丈そうですね」
自分「そうですね。さすがにかなり頑丈なので、壊れませんでした」

数字はインパクトもあるので、相手の反応も変わってきます。相手も１５００円ということで高級傘をイメージできるので、盛り上がりますね。

② オノマトペを使う

オノマトペとは擬音語・擬態語のことです。

会話にリズムが出て相手が乗りやすくなるのが特徴です。

例えば、午後から始まる会議の前に先輩とランチに行ったとしましょう。
自分「いや、午後の会議でプロジェクトの経過報告をしないといけないですね。会議の前は胃が痛いですね」
先輩「確かにね」

あまり盛り上がりませんね。

一方で、オノマトペを使ってみましょう。

自分「いや、午後の会議でプロジェクトの経過報告をしないといけないですね。胃がキリキリしますね」

先輩「うん、キリキリする。やっぱり俺もだよ」

先輩も返しやすくなると思います。

もう一つ見てみましょう。
外出先でゲリラ豪雨にあったときの話です。

Aさん「いや、昨日外にいたら、急にすごい雨が降ってきて大変だったよ。川の水もだいぶ増していたよ」
Bさん「外にいた人は大変でしたよね」

Bさんはあまり乗ってきません。これは情景を描写できないからです。
ここで、オノマトペを使ってみましょう。

Aさん「いや、昨日外にいたら雨がザーッと降ってきて大変だったよ。川なんかザブンザブンとすごい流れだったよ」
Bさん「へえー！　そんなすごかったんですか！　大変でしたね」

すごかったという情景がイメージできるので、相手も乗ってきます。ぜひオノマトペを使ってみましょう。

オノマトペで情景がイメージしやすくなる

一往復で終わらせない天気ネタの使い方

先ほど第2章で天気ネタはタイプを見極めるために使いましょうとお話ししました。
しかし、二度目以降にお会いする人や社内の人には少しあっさりしすぎているかと思います。
天気の話題は気軽に使えますが、広がりが難しいものです。

本人「今日は寒いですね」
相手「そうですね」
本人「早く暖かくなってほしいですよね」
相手「そうですね」

もうこれ以上、話は続かないでしょう。これでは場の空気を温める雑談とはいえません。

では、このような雑談にしてみたらどうでしょうか。
本人「今日は寒いですね」
相手「そうですね」
本人「いや、この気温の低さは15年ぶりらしいですよ」
相手「そうですか」

このように時事ネタを入れても実はあまり盛り上がりません。

では、どうしたらいいでしょうか。

ここでのポイントは、「あなたの親しみやすさ」を出すことです。

親しみを持ってもらえるようなエピソードを入れるのです。

決して難しいネタは必要ありません。自分自身の失敗談を披露すればいいのです。

よくお客様や部下の前で失敗談を出すのはあまりよくないという人もいますが、もちろん次のような失敗談はよくありません。

「いや、先日取引先に注文いただいたのですが、間違って別の商品を送ってしまい、大クレームになってしまいました」

「昨日も寝坊して、こってり絞《しぼ》られました」

こんな人とは仕事をしたくないと感じるでしょう。

しかし、次のようなちょっとしたネタなら問題ないのではないでしょうか。

例えば、私は雨が降りそうな日にはこのような雑談をしていました。

「今日は午後から雨らしいですね。洗濯物を干したまま来てしまいましたよ」

「駅まで自転車で通勤してますが、ここ3日間置きっぱなしで、バス代がかさんでます」

「移動中、寒いので駅のホームでつい缶コーヒーを持って温まってます。ただすぐに飲まないので、気づいたら鞄に3本も缶コーヒーが溜《た》まってました」

少し笑える、相手が突っ込みやすい失敗体験をネタとして、ストックしておくのです。

訪問先で盛り上がるちょっとした話題

相手の会社へ訪問する場合も、二度目以降でしたら、天気以外にもネタを用意しておくといいでしょう。

私がよく使っていたのは、相手の会社やビルに関する話でした。あるいは駅に直結なので雨の日も傘なしで行けるといったアクセス面、あるいは周辺にお店が多いとか緑が多いといった環境面に関する話です。

相手のことを褒《ほ》めて、自社や自分自身を落として羨《うらや》ましいと話すのです。

時事ネタのニュースなどもいいのですが、これらのネタのほうが相手も反応してくれ、場も和《なご》みます。時に自身の人間性をちょっとのぞかせることもできます。

例えば、海が見える高層ビルの中にある会社に訪問した場合、次のようにお話をしたとします。

本人「こちらは、本当に見晴らしがいいですね」
相手「ありがとうございます」

しかし、これでは残念ながら話が終わってしまいます。
やはり、自己開示ネタが必要なのです。

本人「こちらは、本当に見晴らしがいいですね」
相手「ありがとうございます」
本人「御社にお伺《うかが》いするのが毎回楽しみです。こんなに見晴らしがいいと仕事も捗《はかど》りそうですね」
相手「毎日ここにいると、意外になんとも思わなくなりますよ」
本人「そうですか。私の会社は1階にあって、しかも窓がないので、何にも見えないですよ」
相手「それは大変ですね（笑）」

このように相手と会話をキャッチボールしながら、話を進めていけばいいのです。
他にも見ていきましょう。

本人「いや、御社のビルはセキュリティーがしっかりされていていいですね」
相手「逆に、毎日いる方からしたら大変ですよ。チェックカードを忘れてお昼に行ってしまったり」
本人「そうですか。私の会社は受付とかないので、しょっちゅう色々な会社が飛び込みにきて総務が大変そうですよ」
相手「そうなんですね」

本人「御社のビルはエレベーターがたくさんあるからいいですね」
相手「そうですね」
本人「弊社は12階建てのビルの最上階なのですが、エレベーターが２台しかありません。朝なんか行列で10分くらい待つこともあります」
相手「それは大変ですね」

ほんわかした雰囲気が漂《ただよ》うでしょう。

相手の会社の周辺をネタにするのもありです。

本人「御社の近くにはおいしそうな定食屋さんがいっぱいありますね」
相手「そうですか。でも行くところはいつも決まっているので、あまり気にはならないですね」
本人「いや、うらやましいです。弊社の近くには食事をするところが何にもなく、歩いて5分行ったところにコンビニがあって、15分行ったらやっとラーメン屋があるくらいです」
相手「それは大変ですね」
本人「だいたい、コンビニ弁当ですが、たまにラーメン屋に行きますけど、往復30分ですからね。昼休みの半分が移動になっちゃいます」

このように相手をリスペクトしながら、親しみを持ってもらえるようなエピソードを入れるだけで、会話は広がりを見せていきます。

秘密を共有すると、人間関係の距離は縮まる

社内にいるときの雑談というと、ヤフーニュースや新聞などに載った時事ネタなどがよく出てきますが、実はこれらのネタは相手との距離が縮まりにくいものです。


「女優の○○、結婚したね」

「○○選手、ＦＡ宣言したね」

「C社がE社を合併したね」


これらの話題は一往復で終わってしまいがちです。

それよりも、もっと人間味を感じさせる話題を選ぶべきです。

例えば「眠気との戦い」などの話題でしたら、皆共通なので、話も続きやすくなります。

かつて私もよくしましたが、非常に盛り上がるのです。

こんな話をしたら不謹慎《ふきんしん》ではないか？　朝キツイというより朝早起きしていると言ったほうが職場も締《し》まっていいだろうという意見もあるかもしれません。

しかし、これでは盛り上がりません。メリハリをつけてきちんと仕事をしていれば、むしろ眠いなんて秘密にしたいことを自己開示したほうがいいかと思います。

このようなネタは共通の悩みなので、盛り上がります。今では昼寝を推進している会社もあるくらいですから、やる気がないといった発言さえしなければ問題ないと思います。

実際、私も1日研修や午後の時間帯に行うセミナーでは「眠くなる時間帯なのでグループワークをしましょう。ただ眠らせてしまうのは講師の責任なので、グループワーク以外の時間も寝かせないように楽しく有意義な話をしたいと思います」と言います。

このように言うと、笑い声があがったり、たいてい盛り上がります。

では、どのように声をかけていったらいいのでしょうか。

本人「いや、お昼を食べた後のこの時間帯って眠くなりますよね」
相手「そうですね」
本人「私は食後にレッドブルを飲んでます。この前通販で72本セットを買ってしまいましたよ」

ちょっとした秘密を共有してみよう

相手「72本ですか！　すごいですね！　すごいスペース取りそうですね」
本人「その他にもミンティアをかじってますね。ちなみに○○さんは眠いときはどうしてますか？」

最初に眠くなることを自己開示し、相手と会話のキャッチボールをしたら、相手にどうしてるかを聞いてみるのです。

すると、こんな答えが返ってくるかもしれません。

「私はブラックコーヒーを飲みに行ってます」

「こっそり、1時間おきに顔を洗いに行ってます」


このようにありきたりの話題こそ、実は相手との距離も縮まるのです。

自己開示してくれた相手にはたいていの人が好感を持つようになります。

また、このように相手の眠気防止の話を聞いておけば、たまにデスクに寄って「俺、また今日もレッドブル飲んじゃったよ。○○君もコーヒー飲んだ？」なんて気軽に話しかけられるようになるのです。

人間の生理現象でもある「眠くなる」というネタ、ぜひ使ってみてください。

季節ネタのエピソードを用意しておこう

季節ネタも用意しておくといいでしょう。
「数字」と「オノマトペ」を使って、相手がイメージしやすいように話しましょう、
季節ごとに順に見ていきましょう

1．春

本人「昨日からくしゃみが止まらなくなりました」
相手「あらら。花粉症ですか？」
本人「そうなんです。昨日鼻セレブの4個パックを買ったのですが、もう1個しか残ってません」
相手「もう3個も使っちゃったんですか！　うわあ、それは大変ですね」
本人「ありがとうございます。帰りに売店寄らないと」
相手「お大事にしてください！」

本人「暖かくなってきましたね」
相手「そうですね」
本人「いや、昨日コートを着てたら額《ひたい》に汗がダラダラ流れて止まりませんでした。行った先で受付の方に笑われてしまいました」
相手「それは大変でしたね。確かに、昨日は暖かかったですよね。最高気温18℃とか」
本人「今日はコートを着ないで来ましたけど、夜は寒くなるんですかね？」
相手「寒くなるみたいですよ。最低気温は6℃とか」
本人「うわあ、今日は残業しないで寒くならないうちに帰ります」
相手「(笑いながら）そうしたほうがいいですね」

2. 夏

本人「暑くなりましたね」
相手「そうですね」
本人「朝、自販機で500mlのペットボトルの水を買ったんです。それでさっき飲もうとしたら、もうお湯になっていました。思わずアチチってつぶやいてしまいました」

相手「うわあ、それは大変ですよね」
本人「ほんの2時間しか経っていないのに。夏は飲み物代がかさみますね」
相手「確かに。私はキンキンに冷えたビール代が浪費の原因になっています」

お金がかかってしまうネタも意外に相手の共感を得やすいです。

本人「暑くなりましたね」
相手「そうですね」
本人「いや、昨日ついクーラーをつけたまま上半身裸で寝てしまいました。途中で寒くて目が覚めたからいいものの、そのまま朝まで寝ていたら大変でした。ちなみに夜寝るとき、クーラーつけたままにしています？　それとも消します？」
相手「私はタイマーにしています」

本人「暑いですよね」
相手「そうですね。あっ、ちょっと温度下げましょうか」
本人「ありがとうございます。ちなみに何度に設定されたんですか？」

相手「いや、25℃にしました」
本人「涼しくていいですね。生き返ります。いや、私の会社ではいつも温度設定で揉《も》めてるんですよ。支店長が外から帰ってきて2℃下げると、女性社員のなかの1人がすぐに2℃上げてしまう。それぞれ設定温度が違うから難しいですよね」

3. 秋

本人「最近、朝晩は涼しくなってきましたね」
相手「そうですね」
本人「昨日の夜、クールビズで出勤してそのまま帰ったら、ブルブル震《ふる》えてしまいました。そろそろ秋服ですかね？」
相手「私は来週から秋服にしますよ」

4. 冬

本人「今日は特に寒いですね。雪が降りそうですね」
相手「予報では雪の確率70％ってなっていました。帰宅命令とか御社は出ていませんか？」
本人「いいえ。今は月の締《し》めの間近で、部長がピリピリしていまして、早く帰れる雰囲気じゃないんです」
相手「そりゃあ、大変だ」
本人「いや、寒い日が続きますね」
相手「今年は異常ですよね。15年ぶりの寒さと言われていますね」
本人「15年ぶりですか！　たまんないですよ！　昨日帰るときにあまりにもの寒さでゾクゾクしたので、もうやけになってカイロを10箱まとめて買っちゃいました。おかげで家の中が狭くて妻に怒られてます」
相手「10箱ですか！　すごい大人買いですね」
本人「そうです。大人買いです。つい切らしてしまうことが多くて」

朝の挨拶にプラスアルファを加えて和ませよう

朝の挨拶は非常に重要と言われてますが、その通りです。ただ挨拶だけでは一往復で終わってしまいがちです。

実は朝こそ、ちょっとしたエピソードを自己開示して話を進められるのです。また、相手も答えを返しやすくなるのです。

まだ相手との距離が近くないときは、交通ネタや会社のエレベーターや空調などの備品ネタがいいでしょう。

（例1）

上司「おはよう。○○君は、表参道から来てるの？　何線を使ってるの？」

部下「はい。半蔵門線を使ってます」

上司「そうか。俺は副都心線だから、明治神宮前から来てるんだ。結構深いところを走ってるからホームから改札まで時間かかるんだよな」

部下「表参道はすぐに地上に出られるのでいいんですが、大変ですね」
上司「夏は階段を昇っているだけで汗がダラダラ止まらなくなるよ」

（例２）エレベーターでいつも一緒になる他部署の同僚に対して
自分「いや、ここのエレベーターなかなか来ないですよね」
同僚「確かに。急いでいるときは焦《あせ》りますよね」
自分「台数が増えるといいんだけどね（笑）」

馴《な》れてきたら、ちょっとした自分のネタを自己開示していくのもいいでしょう。

（例１）
上司「私は男のくせに朝起きてから家を出るまで１時間30分もかかってるんだ」
部下「それはかかりすぎです」
上司「いや、朝風呂に入っていて、つい長風呂になってしまって」

（例２）
上司「○○君は朝は強い方？」

部下「まああです（そう言っておかないとな……）」
上司「俺は朝自信がなくて、目覚まし時計を4つセットしているよ」
部下「4つですか！　実は私も2つ時計を置いてスマホのアラームも鳴らしています」
上司「そうか。目覚まし時計は複数必要だよね」

上司も人間なんだなと思い、相談もしやすいと感じてくれるでしょう。
こちらがちょっとした失敗を自己開示すると、相手も好感を持ってくれます。
ただし、次のような自慢は避けたほうがいいでしょう。

（例：会社のデスクにて）
上司「おはよう」
部下「おはようございます」
上司「○○君は朝は何時頃家を出てるの？」
部下「いつも7時半頃出てます」
上司「そう。俺なんかジムに寄るから朝6時に出てるね。木曜日は早朝英会話教室に行ってるよ」

朝の挨拶は自然と距離を縮めるチャンスです

充実ぶりをアピールするのは構《かま》いませんが、相手にプレッシャーを与え、逆に近寄りづらくさせてしまいます。ここでは自己PRは目的ではありません。人間くささを出して、相手に近づきやすい人と思ってもらうことが主の目的です。

なお、人間くささと言っても、だらしなさすぎるネタは避けたほうがいいでしょう。例えばワールドカップの試合がたまたま前の日の夜中にあったので、「いや、昨日はイラン戦を観ちゃったので、少し寝不足です」くらいはいいのですが、「ついいつもネットサーフィンで夜更《よふ》かしをしてしまうので、朝はギリギリに起きて何も食べずに来ます」などですと、「大丈夫かな？」「大切な仕事は任せられないな」「だらしない人だな」と思われては元も子もありません。

ほどよいネタにしておきましょう。

知らない話題が出てきたらむしろチャンスです！

雑談術のセミナーをやっていて、雑談をするのが苦手という方からよく相談を受けることがあります。

「知らない話題が出てきたらどうすればいいか」ということです。

今でこそ雑談術セミナーなどでコミュニケーションの手法をお伝えしていますが、かつての私も同じようなことに悩んでいました。

「はじめに」でも少し書きましたが、当時の私は知らない話題をなくそう、どんな話題にも対応できるようにする方法はないかと模索《もさく》し、雑学大百科を読んだり、興味もないスポーツの情報を仕入れようとしていました。

しかし、付《つ》け焼刃《やきば》の知識のため、いざというときに頭に浮かばなかったり、間違ったことを言ってしまったり、知ったかぶりをしていることを相手に見抜かれてしまい、印象を悪くするばかりでした。

そんななか、ある日上司のAさんと営業同行したときのことです。

その日訪問したお相手は70代の方でした。

面談が始まり間もなくすると、伝統芸能の「能楽《のうがく》」の話題になりました。お相手の方は、数年前から毎月公演に行っているほどの熱狂的なファンのようでした。

正直、私は能なんて面白いかなと感じていたので、ただうなずいているだけでした。

しかし、Aさんは違いました。楽しそうに相手に合わせながら能楽の話をしているのです。

不思議に思いました。

もしかしたら、Aさんは能楽に詳しいのかもしれないと感じました。しかし、今までAさんから能楽の話を聞いたことはありません。飲みに行っても、野球、競馬、カラオケ、お酒などの話ばかりで、失礼ながら文化的な話はあまり出てきませんでした（決して上記の趣味を否定しているわけではありません。私も野球やカラオケは好きです）。

早速、面談後に寄った昼食のレストランの席で、Aさんに聞いてみました。

私「A課長、先ほど○○さんのところで能の話で盛り上がっていたじゃないですか？」

Ａ課長「ああ、あれな。お前はつまらなそうにしてたな。しかも寝てただろう」
私「いや……すみません。課長って能楽とか観に行ったことがおありなのですか？」
Ａ課長「あるわけねえだろ。俺だって、あの話早く終わって欲しかったんだよ。ただな。何も反応しないわけにはいかないだろう。次は、お前が一人で行くんだよな。どうするんだ？」
私「はい。すみません、どうしたらいいかわからなくて」
Ａ課長「いいや、教えてやるよ。ああいうときはな、能楽の知識がなくたって大丈夫なんだよ」
私「えっ、本当ですか（体を乗り出す）」
Ａ課長「能楽のことを話題にするんじゃなくてな。能楽を観に行ったＢさんのことを話題にすればいいんだよ」

目から鱗《うろこ》でした。

先ほど書いたような知ったかぶりが露見《ろけん》するような状況になると、私は「知らないことは知らない」と正直に答えていたのです。

お客さまがゴルフの話題を出してきたら「私、ゴルフしないんですよ」と言ってしまう。

映画を観に行って感動したと言ってきたら、「いや、あまり映画とか観ないんですよね。どちらかというと音楽を聴いている方が好きです」と言ってしまう。

これでは相手の言ってきたことを否定している、相手の話を拒絶しているようなものです。相手はいい印象を抱《いだ》かないでしょう。

それ以後、相手があまり話さなくなったり、気まずい雰囲気になることが多かったのです。

例えばスポーツ観戦、プロ野球観戦の話題が出てきたとしましょう。

そんなときは、相手が野球場に行ったときにどうしているかをイメージしながら聞いていくのです。

ただし、このケースで大事なことがあります。

「相手が野球を観て来たんですよ」と言った後、すぐに質問に入らないことです。

まずは「野球観戦」に対して肯定的な相づちを打つことです。

相手「先週、神宮球場に野球を観に行ってきたんですよ」

自分「そうなんですね」

これは×です。そっけない相づちなので、相手も何か聞く気がないのかなと思ってしまいます。

このようにするといいでしょう。

相手「先週、神宮球場に野球を観に行ってきたんですよ」
自分「野球を観に行かれたんですね。いいですね。楽しそうですね」

相手の言葉からひとこと、バックトラッキング法で繰り返して、肯定的な相づちを打てばいいのです。そうすれば相手も話したくなるでしょう。

実は知らない話題に乗ることは、相手に好感を持ってもらえるチャンスなのです。なぜなら、人は自分が話したいものです。ましてや自分の好きな話題に関して、饒舌《じょうぜつ》になるのは間違いないでしょう。

また、知らない話題に対応する側からすると、あまり話はできません。すると、自《おの》ずと聞き役になっていくわけです。自然と相手に好感を持っていただけるのです。

相手がどんどん乗ってくる雑談術

では、その「知らない話題」に対してどう対応していけばいいかをお伝えしていきます。

先ほど少し触れましたが、プロ野球を話題にするのではなく、プロ野球を観に行ったAさんに関する質問をしていくのです。


ただ、そうはいっても最初はなかなか浮かばないでしょう。難しいものです。

具体的にどのように質問していけばいいかをお伝えしていきたいと思います。

最初は、これから挙げる6つの項目について聞いていくといいでしょう。慣れてきたら、その人が野球場に行く姿を想像してアレンジしていけばいいわけです。

それでは具体的に説明していきましょう。

① マイグッズ・道具の所有の有無

例えばプロ野球観戦やサッカー観戦の話題になったときは、「やっぱりユニフォームを着ていくんですか」「グローブとか持っていったりするんですか」「メガホンは持っていくのですか」などマイグッズについて聞いていきます。

あるいは実際にプレーをする方、例えばテニスをされる方には「テニスラケットはお持ちですか」、釣りをされる方には「釣り道具はお持ちなんですか」「ルアーは色々お持ちですか」、ゴルフをされる方は「ゴルフウェアは何色なんですか」などと聞いてみるとよいでしょう。こだわりなんかも聞いていくといいでしょう。

②　席の位置、好きなスポット

例えばプロ野球なら「外野席に座るのですか」「応援団の近くに座るのですか？」などと聞くと相手も反応してくれます。また、映画や歌舞伎鑑賞をされる方にだったら「端《はし》っこに座りますか」「どのあたりが見やすいんですかね」などと聞くのがいいでしょう。

また少し上級者向けの質問でいえば、関連して「チケットは取りやすいですか？」「人気のカードとかチケット発売開始時につながらず何度も電話したりするのですか？」などと聞くのも本人の素顔《すがお》が見え隠れして面白いかもしれません。あるいはゴルフの話だったら「お決まりのゴルフ場はおありなのですか？」、サーフィンなら「よく行くスポットはおありなのですか？」と聞いていくのがいいでしょう。

③ 好きな選手・役者など

この場合、「好きな選手は誰ですか」と単刀直入《たんとうちょくにゅう》に5W2Hの「WHO」を聞くようなやり方だと、質問されたほうは尋問《じんもん》のように感じてしまうかもしれません。

こんなときは次のような聞き方をするといいでしょう。

「ちなみに、好きな選手とかいらっしゃるんですか？」

だいぶ柔《やわ》らかい聞き方になったのではないでしょうか。

「ちなみに」というクッション言葉もそうですが、「いるんですか」は「はい」「いいえ」から始まる答えやすいクローズド質問だからです。

相づちを入れて、「へえ！　もしかして、好きな選手とかいらっしゃるんですか？」なんて聞き方もいいでしょう。

④ 現地で購入するもの・飲食に関して

先の例で挙げた神宮球場でいうと、近くにある東京ドームと比べて、野外なので「この時期は、ビールがおいしい季節ですよね」などと聞くのもいいですし、「試合中お腹すきませんか？　がっつり何か食べるんですか？　それとも終わってから食べるんですか？」

などと聞くのもいいでしょう。

ゴルフであれば「終わったあとのビールは最高って聞きますけど、どうなんですか？」「もしかしてプレイ中も昼食時に飲んだりするのですか？」なんて聞くのもいいでしょう。

あるいは映画鑑賞なら「ポップコーンとか食べながら観るんですか？　ちなみに昔デートでポテトチップスを食べながら映画を観てたら、うるさいと彼女に怒られたことがありまして」なんて笑えるエピソードを披露《ひろう》しながら聞くのも面白いかもしれません。

歌舞伎の場合は、「何か食べながらなんてダメですよね。終わった後、歌舞伎座周辺で何か食べたりするんですか？　あの辺、おいしそうなお店がいっぱいありそうですよね」などと質問してみるのもいいでしょう。やはり飲食のネタは盛り上がりやすくなります。

⑤　一緒に行く仲間に関して

「誰と行くんですか？」といった聞き方は一見よさそうに見えますが、危険です。

ゴルフのような団体スポーツなら別ですが、例えばサーフィンなどの個人スポーツであったり、スポーツ観戦や映画鑑賞などは一人で行くという人も少なくありません。

よって、この質問は団体スポーツの場合に限定し、さらに「一緒に行く方とかいらっしゃるんですか？」あるいは、歴史が好きで仏像巡りやお城巡りが好きという方なら、「そういったことをお話ししたりされる方とかもしかしていらっしゃるのですか？」といった聞き方がいいでしょう。この「もしかして」がクッションワードになり、相手が一人で行動している場合も「いや、一人ですよ」と答えやすいのです。

⑥ 始めたきっかけ

誰もがその趣味を始めたきっかけというものがあるかと思います。そのエピソードを聞くとその人の素顔が見えてきます。また、過去の質問は未来の質問とは違って考える必要がないので、相手も答えやすいという特徴があります。

これら6種類のことをすべて質問する必要はありません。
このなかで2つか3つ質問すればいいのです。
そもそも相手がふってきた話題ですから、相手はたくさん話すことができる話題です。
話のエンジンがかかったら、後は相づちを打ちながら対応していけばいいのです。

第4章　相手を肯定する聞き方・話し方

愚痴を言われたら、どうすればいい？

第1章でポジティブな雑談をしようと書きましたが、そうはいってもネガティブな話題は出てきます。

もちろん自分からネガティブな話題を持ち出すのは避《さ》けたほうがいいですが、例えば次のようなケースは難しいでしょう。

（コーヒーを買いに行った自動販売機で先輩と遭遇《そうぐう》したとき）
吉田「お疲れ様です。寒いですね。お忙しいですか？」
先輩「忙しくて大変だよ。新年度のカタログの作成で昨日も終電だったよ。今日もかなり遅いだろうな」
吉田「でも、カタログが完成したときを考えると頑張れるじゃないですか！」
先輩「何言ってるんだよ。お前他人事だと思って、調子いいこと言いやがって」

このように無理にポジティブにいこうと話しても先輩は不快な気持ちを抱《いだ》くだけでしょう。そもそも相手から言ってくるネガティブな話題は大きく分けると次の２つになります。

① 他人の悪口・誹謗《ひぼう》・中傷《ちゅうしょう》
② 人以外に対する愚痴《ぐち》

①の場合、相手に合わせて悪口を言うのは危険です。
例えば、次のようなケースです。

先輩「まったくF部長は何考えてんだよ。役員会で決まったからといって先週と真逆の指示を出してきたよ」
吉田「F部長、ふざけてますね。もっと信念を貫《つらぬ》いて欲しいですよね」
先輩「本当だよ」

このとき、もし第三者がいて、耳をそばだてて聞いていたら、大変なことになります。第三F部長に「吉田達が、何か文句を言ってましたよ」と耳に入れる可能性があります。第三者から入る情報はいい情報なら嬉しいのですが、悪い情報は非常に気分を害します。

しかもこのように人を介してのネガティブな情報は尾《お》ひれがついて回る可能性があって、非常に危険なのです。

あるいは先輩が裏表のある人だった場合、そのまま伝わる可能性があります。余談ですが、私はどんなに仕事上合わない人でも悪口だけは言わないようにしていました。尾ひれがつく可能性があるからです。1が10になる場合もあります。

むしろ関係をよくしたい人がいたら、その人に直接言うとわざとらしいと思われるので、わざと第三者の前で、「あの人にはお世話になっている」というようにしていました。第三者を介して褒《ほ》め言葉をもらうと、本人も好印象になってくれるからです。

ちなみにどうしても合わない人のことは、仕事とは無関係のところで話すようにしていました。かつて、悪口を言って大失敗したことがあったからです。

よって、このケースでは次のように対応するといいでしょう。

先輩「まったくF部長は何考えてんだよ。役員会で決まったからといって先週と真逆の指示を出してきたよ」

吉田「指示が変わったのは大変ですね。お気持ちわかります」

ここではＦ部長についてては触れていません。指示が変わって大変という先輩の気持ちに合わせた会話をしています。

なお、このように対応してもＦ部長の悪口になったら、関係ない芸能人の悪口などにすり替えるといいでしょう（芸能人の方、ごめんなさい）。

では、②のような人に対してではない「仕事に対する愚痴」の場合です。

この場合は聞いてあげたほうがいいでしょう。ここで無理に先ほどの自動販売機での例のように「頑張りましょう」と言うのは偽善者っぽくて相手の気分を害する可能性大です。

まずは愚痴を受け止めましょう。

ただし、愚痴に対する対応は２つあります。一般的に男性は解決を求めて愚痴を言うのに対し、女性は共感を求めるために愚痴を言うといわれています。よくあるのが、女性が言った悩みに対して「こうすればいいんだよ」と男性が解決策を言ってしまい、女性が不満を抱くということです。

私自身もかつてそのようなケースがありました。

ある女性の部下が私に悩みを相談してきました。

部下「経理のAさん、電話対応がよくないって評判ですよ」
吉田「そうか。ならば電話対応のマニュアルを作ってみたらいいんじゃないかな」
部下「私の言いたいことはそうじゃありません」

せっかくアドバイスしたのに部下は納得していないようでした。
このようなケースでは次のように伝えればよかったのでしょう。

部下「経理のAさん、電話対応がよくないって評判ですよ」
吉田「そうか。Aさんの電話対応がよくないのはいけないな」
部下「そうですよ」

実は話に共感してもらいたかったのです。
女性だけでなく男性も、共感してほしいという気持ちを持っている人は少なくありません。よって先ほどの自動販売機のケースでも次のように対応すればいいのです。

吉田「お疲れ様です。寒いですね。お忙しいですか？」
先輩「忙しくて大変だよ。新年度のカタログの作成で昨日も終電だったよ。今日もかなり遅いだろうな」
吉田「そんな遅くまで。カタログ作成大変ですよね」
先輩「だろう……。あ、そうだ。1杯おごってやるよ」

なお、このケースでもう1点注意点があります。それは単に「大変ですね」で片づけないことです。ただ単に「大変ですね」だと、「こちらの気持ちもわからないくせに」「調子よく合わせているだけ」と思われる可能性があるからです。
「何」が大変かを伝えるようにしましょう。適当に言っているのではない。きちんとわかって言っているんだなと思ってもらえます。

しくじる可能性が高いネタは封印しよう

ここでは一般的に使っても大丈夫なようで、実は危険なネタを紹介していきます。

①「お痩せになりましたか?」

久しぶりにお会いしたら、以前より痩《や》せたように感じられたとします。

この場合、「お痩せになりましたか?」と聞いてしまっても大丈夫なように思えます。

その逆の「太りましたか?」がNGなのはわかりますが、「痩せた」のはいいことのように思えるのですが、実は「痩せた」ことを好んでいない人もいるのです。

「病的に思われているのか?」

「たまたま着痩せして見えているだけである(濃い色の洋服を着ているせいか、そう見えたが実は全然痩せておらず、むしろ嫌みで言われたのかもしれないと感じ取ってしまうのです)」

などと思う方もいらっしゃるので、実は危険なのです。

その逆で、「太りましたか？」の代わりに「貫禄《かんろく》がつきましたね」というのも避けたほうがいいでしょう。相手にはたいてい真意が伝わってしまいます。

また、よく女性に対して「きれいだ」「素敵だ」と外見を褒めようとする人もいますが、これも危険なのです。特に褒められ慣れている人は飽《あ》き飽きしています。また、セクハラだと思われる可能性もあります。

それよりも「丁寧さ」「気配り」「創造力」など中身を褒めるようにしましょう。

なお、男性のイケメンになら大丈夫と思った方もいらっしゃるかもしれませんが、それも危険なのです。私はイケメンでないので、あくまでも私がイケメンと呼ばれている方から聞いた話に基づいていますが、そこばかりが先行していてイヤという意見が多くありました。やはり能力を認めてほしいそうです。

②「顔色悪いですけど、大丈夫ですか？」

概《おおむ》ね心配して言っているのですが、これも人によっては気分を害する可能性もあって危険です。特に責任感の強い人は、「自己管理能力に欠けていると思われたくない」という意識を持っている人が多いからです。

特に、目上の人には使わないほうがいいでしょう。なお、目上の人でも相手が「具合が悪い」と言ってきた場合は、「大丈夫ですか」と心配したほうがいいでしょう。逆に心配しないと「こいつは薄情なヤツだ」と思われてしまうかもしれません。

③ 時に危険な健康ネタ

健康ネタは雑談でよく使われるジャンルです。ある程度の年齢になってくると「健康診断でここが悪い」「〇〇が痛い」なんて話がよく出てきます。

だから大丈夫だろうと健康ネタをふると、大きなしくじりになる可能性があります。

では、どのような点に注意したらいいのでしょうか。

まず、相手から言ってきた場合は乗っても大丈夫ですが、その場合「運動したほうがいいですよ」「食事にもっと気を遣《つか》ったほうがいいですよ」と頼まれてもいないのにアドバイスをしないことです。

男性脳の傾向が強い解決型の方は注意が必要です。ここは「大変ですよね」「確かに痛くなりますね」「体力の低下を感じますね」などと共感するだけにしておくことです。

次に自分から健康ネタをふる場合、これは相手の健康状態を見ての判断がいいでしょう。

明らかに不健康に太っている人に「何か健康に気を遣っていますか」なんて聞いた瞬間、相手が気分を害する可能性大です。自分と同じくらいの健康状態かつ年代、あるいは自分より健康状態がいい人に留めておくのがいいでしょう。

明らかに健康状態がいい人には「何か運動とかやっているんですか」と聞けば、「トライアスロンをやっていて、次の大会に出場予定なんですよ」とか「年末にホノルルマラソン出るんですよ」などと盛り上がる可能性大です。

健康ネタは相手を見て使うようにしましょう。

④「一番」をできるだけ使わない

「今までで一番よかった本は○○です」
「今まで食べて一番美味しかったラーメンは△△です」
「今まで旅行したなかで一番よかったのは沖縄です」

よく使いがちですが、実は相手の信頼をなくす可能性が大きいものです。確かに今までで一番よかった旅行先が沖縄で、その後、プーケットがもっとよければプーケットになるでしょう。意見がコロコロ変わったら、特に今までお世辞のように「一番は」ばかり言っている場合、「言ってることが違うな」と信頼をなくす可能性があるのです。

できれば多用しないほうがいい言葉です。

「会話泥棒」にならないために

かつて私は雑談が苦手でした。何気ない身近な話題に触れることができなかったのです。等身大の自分を出せず、優秀に見られたいとカッコつけていたのです。よって、知っているネタになると、これ見よがしに、飛びつくように反応していました。

例を挙げてみます。会社の休憩室でのことでした。

相手「この前の3連休、家族で京都に行ってきたんですよ」
自分「京都いいですよね！　私も好きでよく行きますよ。清水寺《きよみずでら》、金閣寺《きんかくじ》は最高ですし、あと金閣寺の近くの石庭が有名な龍安寺《りょうあんじ》と、五重塔のある仁和寺《にんなじ》もいいですね。あとこの時期は川床《かわゆか》もいいですね。あっ（少し長く話しすぎたなと焦《あせ》り、相手へ質問する）。ところで京都はどこに行きました？」
相手「清水寺も金閣寺も行きましたよ。龍安寺は拝観時間が終わってしまって行けませんでした」

このように返答をした直後、相手は「あっ、そうだ！　１件取引先にメール送らなくちゃいけなかった。それでは」と、デスクに戻ってしまいました。

「向こうから話してきたのに……京都の話、盛り上がったのにな。何が悪かったんだろう？」としか思いませんでした。

当時は原因がわかりませんでした。

しかし、今ならわかります。もちろん私が長く話しすぎたのも原因でしょう。しかしそれ以上に、相手の会話を奪ってしまったことのほうが大きな原因です。俗にいう「会話泥棒」になってしまったのです。あくまで主役は「相手」です。「自分」が主役になってはいけません。たまに部下が手柄を挙げてそれをいかにも自分の手柄のようにしてしまう上司がいますが、それと同じです。

このケースでは、相手の会話から類推できるキーワードは「３連休」「京都」「家族旅行」です。どこかに相手の話したいポイントがあったわけです。

この場合、「家族旅行」がポイントでしょう。なぜなら、相手の感情と一番関連しているからです。「家族を大切にしている」という思いをわかってほしかったのでしょう。

よって、次のように会話を展開していけばよかったのです。

相手「この前の3連休、家族で京都に行ってきたんですよ」
自分「家族で旅行されたのですね。いいですね！」
相手「まあ。たまには家族サービスしないとね。でも妻も娘も喜んでいたからよかったよ」
自分「○○さんは家族を大切にされていらっしゃるのですね」
相手「そうですね（満足そうな笑顔になる）」

このように相手の感情に近いものがあれば、そのキーワードをポイントに話を展開させていけばいいのです。

もう1つ例を挙げてみます。次のように話しかけられたとします。

相手「ゴールデンウィークに長崎に行ったんだけど、夜景がすごくきれいだったよ」

このケースでは「ゴールデンウィーク」「長崎」「夜景」がキーワードです。

もちろん「ゴールデンウィーク」がキーワードではないのは明らかです。よって「私はゴールデンウィークは京都に行ってましたよ」など、こちらの過ごした内容を述べても仕方ありません。

あくまで主役は「相手」です

では、「長崎」はどうでしょう？　悪くはないと思いますが、「夜景がきれい」と言っているので、「長崎どこに行きましたか？」というのも少し変です。この場合、「きれい」という感情が出ている「夜景」に触れるのがいいのです。

ただし、いきなり質問したり、「私も行きましたよ」は危険です。

まずは、相手の話を「いいですね」と受け止めることから始めましょう。

まとめますと、次の4つの手順を踏むようにしましょう。

①　相手の感情・気持ちが出ているキーワードを見つける

②　「へぇ！　きれいな夜景を観られたんですね。いいですね」などと共感し、相手が次に話すまで、ワンクッションを置く

③　いきなり「夜景はどこから見たんですか」と質問はしない

④　自分が体験したことでも、極力行ったことがないふりをする

知っているアピールは逆効果

かつて在籍した会社での飲み会のときの出来事です。

酔《よ》っぱらった別部署の先輩に「○○部長は簿記２級も持っているんだよ。スゴイだろ。お前も会計の勉強したほうがいいぞ」と、部長を前にして言われました。

私は失言をしてしまいました。

すでに私は前職の関係で、日商簿記の１級を取得していました。

ただし、経理の仕事に就《つ》いたことがなかったので、職歴としては簿記の資格を持っていることを印象づけることは書いていませんでした。履歴書の資格の欄には書いておいたのですが、部長も気づかなかったのでしょう。私も面接官をやっていましたが、そもそも転職面接で面談の際に使う主の書類は、職務経歴書です。

面接した部下の履歴書の内容まで覚えていないのも無理はありません。

そんなとき、私は言ってしまったのです。

「私は簿記の1級を持っていますから、会計の知識は大丈夫です」

一瞬、場が凍《こお》りつきました。

そのとき、私は営業成績が低迷していて、優秀とはかけ離れた状態でしたので、先輩はちょっとしたアドバイスのつもりだったのでしょう。

しかも先輩は履歴書は見ていませんし、普段簿記の話なんかしません。成績が落ち込み焦《あせ》っていて、何か自分のすごさをアピールしたかった私は、先のように言ってしまいました。

しかし、今なら違う回答をします。

「そうですよね。会計の勉強もしたほうがいいですよね」と。

わざわざアピールして相手の気分を害する必要はないのです。

同じようなこととして、部下や同僚からこんな情報がありますと言われると「知っているよ」と、話をシャットアウトしていました。

こんなことも知らないなんて部下や同僚に馬鹿にされたくないと思っていたからです。

当時の私のやり取りを再現してみましょう。

同僚「こんな便利な関数もあるんだよ」
私　「知っているよ。たまに使ってるよ（実はよくわからないけど……）」
先輩「鹿島に行くんなら電車よりバスのほうが早いぜ」
私「知ってますよ。でも電車のほうが自分はいいんですよ（バスで行けば東京駅から１本なのは悪くないな）」

出張先のお客様のところで、「ここのご当地ラーメンならA店だよ」と薦《すす》められると、「知ってます。ネットで見ました」と余計なひと言を言っていました。このようにしていると、誰も情報を教えてくれなくなります。

部下との関係もそうでした。部下に何か教えてもらっても「知っているよ」とのひと言で済ませていると、必要最低限のホウレンソウしか入らなくなってしまいました。情報が遅く、重要な取引先を他社に奪われることも出てしまいました。

一方で、非常にチームの成績のいいCさんには、部下がよく相談に来ていました。
あるとき、Cさんの部下がこのように言いました。
部下「Cさん、今度○○社が品川に支店を出すみたいですよ」
Cさん「え！（びっくりした声をあげ、ネットをチェック）本当だ。気づかなかった。教えてくれて助かったよ」
部下「いえいえ」

Cさんはこのとき、本当に知らなかったようだったのですが、たまに知っている情報も知らないふりをしていたそうです。知ったかぶりして情報が入ってこないよりは、知らないふりをして情報が入ってきたほうがいいに決まっています。
まさに「能ある鷹《たか》は爪《つめ》を隠す」です。

なお、あなたの上司や先輩で何度も同じ自慢話をする方がいらっしゃる場合、「その話、前も聞きましたよ」と言ってしまうと気分を害してしまいます。
そんなときは、「その話はいつ聞いても、いい話ですよね。さすが○○部長ですね」で、褒めながら話を終了させてしまうといいでしょう。

言葉の変換は印象を悪くする

次の会話をご覧ください。

A「では、先週A社さんとの打ち合わせで使った喫茶店で15時の待ち合わせにしよう」
B「わかりました。あのカフェですね」
A「パソコンの調子が悪いんだけど」
B「PC何使ってましたっけ？」
A「プレゼンの資料を15部印刷してもらっていい？」
B「レジュメ15部ですね」
A「背広をかけるハンガーはないの？」
B「上着でしたらお預かりしますよ」

A「コーヒー牛乳が欲しいな」
B「かしこまりました。カフェオレですね」

Aさんの発言に対するBさんの反応ですが、違和感を感じませんか？

「喫茶店」と「カフェ」、「パソコン」と「PC」、「資料」と「レジュメ」、意味は同じですが、言葉が変わっています。

Aさんからすると、本当に伝わっているか違和感を感じ、心配になるかもしれません。また、Bさんの言い方が今風なのも、年配の人の中には不快に思う方もいるかもしれません。間違いが起きてしまう可能性も否《いな》めません。

特に最後の「コーヒー牛乳」と「カフェオレ」はほぼ同じですが、相手は牛乳がメインで、それに対してコーヒーを少し入れたいと思っているだけかもしれません。

相手の言った言葉は略語にしたり、「今風」にしたりせず、そのまま使うようにしましょう。仮に相手が専門用語を使ってきた場合は、専門用語で返すようにしましょう。

A「では、先週A社さんとの打ち合わせで使った喫茶店で15時の待ち合わせにしよう」

Ｂ「わかりました。あの喫茶店ですね」

Ａ「パソコンの調子が悪いんだけど」

Ｂ「パソコン何使ってましたっけ？」

Ａ「プレゼンの資料を15部印刷してもらっていい？」

Ｂ「資料を15部ですね」

Ａ「背広をかけるハンガーはないの？」

Ｂ「背広でしたらお預かりしますよ」

Ａ「コーヒー牛乳が欲しいな」

Ｂ「かしこまりました。コーヒー牛乳ですね。ちなみにカフェオレというコーヒー牛乳に相当する商品があるのですが」

Ａ「じゃ、それでいいや」

謙遜は時に相手への否定になる

日本人は謙遜《けんそん》を美徳としていますので、相手に褒められても「いえいえ、そんなことないですよ」と言ってしまいがちです。

もちろん調子に乗るのはよくありませんが、実は褒められたときに謙遜するのもあまりいいとは言えません。

なぜなら、褒めてくれた相手を否定しているのと同じだからです。褒めてくれた相手は何か話の糸口になればと思って褒めてきたのでしょう。それを否定されてしまうと、言葉を返せなくなってしまいます。

前にも書きましたが、何か言われたら否定せず、受け止めましょう。褒め言葉はそのまま受け止めるべきなのです。それが相手への礼儀でもあり、その後、話をつなげていくために必要なものなのです。

例えば、他部署の自分と同じ管理職の方に次のように言われたとします。

相手「最近、営業三課のメンバー、大活躍ですね」
自分「いえいえ。まだまだですよ」
相手「そうですか……（何か話しにくいな）」

このように対応してしまうと、たいてい相手もこれ以上話すことができなくなり、黙ってあなたの前を去っていくでしょう。

では、こんなケースではどのように対応したらよかったのでしょうか。

相手「最近、営業三課のメンバー、大活躍ですね」
自分「ありがとうございます。そうおっしゃっていただけると嬉しいです」
相手「いや、本当に頑張っているなと思って、どのようにモチベーションを保ってるの？」

まずは、例のように「ありがとうございます」と、褒めていただいたことへのお礼の言葉を伝えましょう。お礼の言葉ですから、決して相手から調子に乗ってるのではなどと思われることもありません。

そうすれば「モチベーションの源泉は何か」などへと話はつながっていきます。あるいは、「今度会議に参加してもいいですか？」などと言われ、会議の活性化につながったり、「注目されているんだ」と部下の承認欲求を満たすことにつながるかもしれません。

確かにリーダーからすると、部下はまだまだ未熟で物足りないかもしれません。でも、ここは認めてもらったことに対して受け止めて感謝すべきです。

褒め言葉はたいてい相手を喜ばし、その場の雰囲気を柔《やわ》らげるために行っているものです。「褒め言葉は一種の雑談」と言っても過言ではないでしょう。

せっかく、相手が褒めることで雑談のフックをかけてきたのですから、ここは乗るようにしましょう。

そうはいってもまだ謙遜してしまうよという方は、お礼だけ言えばいいと考えましょう。そのお礼が次の相手の会話につながりますから。

褒められたらお礼の言葉を伝えよう

相手に恥ずかしい思いをさせない心づかい

仕事でお会いした初対面の人に対して、次のような会話をしてしまいました。

相手「御社は、渋谷でしたっけ？」
あなた「いいえ、表参道の方が近いです」

相手は情報を知っていたのでしょう。あるいはグーグルマップなどで前もって調べていたのかもしれません。「いいえ」は否定言葉です。相手は否定された感を味わい、気まずい思いをしてしまうでしょう。会話もここでストップしてしまう可能性が高いでしょう。

こんなときはどうしたらいいでしょうか？

相手「御社は、渋谷でしたっけ？」

あなた「はい、住所は渋谷です。ただ、駅でいうと一番近いのは表参道です」
相手「そうなんですね。最近、あの辺は行ってないですが、だいぶ変わったでしょうね」
あなた「はい。渋谷も再開発が進んでいますからね」

このようにまずは相手の言ったことを受け止めることです。何よりこの場合、相手の言っていた情報は間違っているわけではありません。住所で言えば渋谷なのですから。そのうえで、最寄り駅の情報をお伝えすればいいのです。
ヒントを与えたという形になります。

確かに間違った情報を言われると、正したくなる気持ちもわかります。間違った情報をそのまま持っていると、言っていた本人がそのまま恥をかくことにもなります。

かつて私は講演で名産品や名所の名前を間違って読んでしまったケースが二度ありました。一度目は、「それは○○です」と大勢の前で参加者の一人に言われました。気まずい思いをしてシーンと場が凍り付いたのを覚えています。

一方、二度目は、休憩時間にある方が「先生、あれは◯◯じゃなくて△△って読むんですよ。間違える方多いんですよ。まさか△△なんて読み方とは思わないからね」とこっそり教えていただけました。

お礼を述べ、早速休憩後に「先ほど◯◯って言ってましたけど、間違っていましたね。失礼いたしました」とお詫《わ》びをしました。すると温かい笑いが起こったのです。一度目のときは、皆の前で否定されたとの思いが強かったので、自分で何も言えませんでしたから大違いです。

基本的に相手が間違っていることを話している場合、差しさわりなければそのままスルーするのがいいでしょう。

どうしても恥をかかせてしまうような場合だけ、オブラートに包んで間違いをお伝えする。その際、クッションワードにもなりうる「間違える方、多いんですよ」や「私も途中まで間違えてました」、「私はたまたま地元だから知っていたのです」などと言えばいいでしょう。

大切なのは正義感よりも相手の面子《メンツ》です。

考えなくても答えられる質問から始めよう

部下や久しぶりに会った同僚に、「最近どう？」「調子はどう？」なんていう声がけをしていませんか。

このような声がけをすると喜ぶ部下もいますが、それはごく少数です。

また私は似た言葉で「何か困ったことはない？」なんていう声がけをしていました。

このようなリーダーは一見、部下のことをよく見ている面倒見のいい人のように見えますが、そのようなことはありません。

たいてい部下から返ってくるのは「大丈夫です。今のところありません」という無難な回答です。まれにすぐに部下から返ってくることもありますが、即座に回答できる部下は悩みを抱《かか》えていて、たまたまタイミングがよかっただけです。

仮に悩みを抱えていても、言葉にすぐに出せるようまとめていなければ、すぐには答えられないでしょう。

実はこのような言葉、部下は答えるのが非常に難しいのです。

仮に返ってくる言葉に期待せずに、部下に気遣《きづか》いをして、距離を縮めて人間関係を良好にしようとしているだけだったとしても、このような聞き方はよくないのです。

回答が出てくるまで考えなくてはならない場合、一瞬気まずい雰囲気になります。

部下の悩み事を知りたいにしても、いきなりこのような聞き方はしないほうがいいのです。

まずは部下が答えやすい質問をしましょう。

それはクローズドクエスチョンです。

いわゆる「はい」「いいえ」で答えられる質問です。

例えば、主要顧客A社を持つ営業マンの部下になら、「そうだ、最近A社さん訪問してる？」と言った質問からはじめます。

この質問なら部下も答えやすいのです。

A社に行っているか、行っていないかだけ答えればいいからです。

その他、商品開発部のメンバーになら、「今、カタログ作っているんだっけ？」でもいいですし、経理部になら「今、決算期で忙しいの？」といった質問でいいでしょう。

もちろん、趣味でゴルフやカラオケが好きという情報を知っていれば、「最近、ゴルフ行ってますか？」「最近、カラオケ行ってますか？」などと聞けばいいわけです。

まずは相手が考えずに答えられるクローズドクエスチョンから入ればいいのです。

一方で慣れてきたら「はい」「いいえ」以外で答えるオープンクエスチョンを使えばいいのです。オープンクエスチョンとは５Ｗ３Ｈを使った質問です。

- What　　何
- When　　時期・期限など
- Who　　誰
- Why　　理由
- Where　　場所・部署
- How　　方法・どう解決したいか
- How much　　数量
- How many　　金額

例えば、「最近どのようなお客様を回っているの？」「一番、時間をとられているのはどんな業務？」なんて聞いていけばいいのです。
ただし、この中でWhyは相手を圧迫する可能性があるので、注意が必要です。
「今朝、新聞を読んでいたらA社がB社に買収されたそうです。なぜですかね？」
「なぜ、昨年の流行語は忖度《そんたく》になったのですかね？」

このような「なぜ」を使う質問は、相手が答えるときに考えなくてはなりません。よって、流れを止めてしまうのです。「なぜ」を考えることは、相手にとって負担も大きいものです。知識のレベルを試されているのではないかと思ってしまう人もいるので、失礼に当たり、相手の気分を害してしまう可能性もあります。

また、普段私はリーダーの方に部下と話す際、「なぜ」という言葉は使わないようにと言っております。

この「なぜ」という言葉は相手を圧迫してしまうのです。

ちなみに部下との会話では理由を聞かなくてはいけないこともありますので、その際は「なぜ」を「何」にするといいでしょう。

「最近どう？」は答えづらい

もう1つは二者択一の質問です。

以前、私が取引先の方とお食事に行ったとき、「何を頼んでもいいですよ」と言われ、困ったことがありました。

もちろんお食事をごちそうしていただいたことは大変感謝しておりますが、メニューを選ぶのに戸惑ったからです。

特に「予算はいくらくらいまでなのだろうか」ばかりが頭をよぎり、取引先の方に「○○さんは何をご注文されますか？」と聞いて同じものを注文しました。

実はこの制限がない質問は答えるのが難しいのです。

雑談上手な方だったら、次のような聞き方をします。

「魚コースと肉コースどちらにします？」

これだったら選ぶのは簡単でしょう。

最初は相手があまり考えなくても答えられる質問をする。

その後の会話を盛り上げていくうえで、非常に重要なポイントです。

第5章　今すぐできる！　とっておきの雑談術

「雑談ノート」を作成しよう

かつて私の部下に非常に優秀なA君という人がいました。

A君は仕事ができるのはもちろん、気配り上手でした。


突然ですが、私は茄子《なす》が苦手です。

それを知ったA君は、「吉田さん、茄子苦手でしたよね」と常に言ってくれるのです。

他の人のこともよく知っているので、あるとき彼に「A君はなんでそんなに物覚えがいいの？」と聞いてみました。

すると、一冊のノートを出してきました。

「実は結構忘れやすいんです。なので耳にしたことはメモにしているのです」と言っていました。このノートには、お客様の仕事に関することはもちろん、それ以外に「Cさんは野球が好きだ。3月に箱根に行った」なんてことまで書いてあるのです。

実はすでに過去の私の著作で紹介しております「部下ノート」もA君のノートがヒントになっています。そこで、おススメしたいのが「雑談ノート」です。

「雑談ノート」は、面談時にお話しした雑談の内容を書いておくものです。

・趣味
・出身地・出身校
・過去にしていた仕事
・好きな食べ物
・嫌いな食べ物
・家族構成
・行った旅行の場所
・イベント

これら聞いたことをメモしておくのです。
そして時折見返す、社外の人であればお会いする前に見返しておくのです。

例えば、宴会をご一緒したら、隣にいる先輩に「Fさん、トマト苦手でしたよね」と言って取り分けるときに気を遣《つか》えば、「気配り上手なヤツだ」と好印象になります。

あるいは、社内の休憩室（かつてでいう喫煙コーナー）や洗面所でばったりお会いしたSさんに、「最近カラオケ行ってます？」「お子さん、今年高校でしたっけ。甲子園とか目指されるんですか」なんてちょっとした声がけもしやすくなります。

これも雑談ノートによってSさんの趣味がカラオケであったり、息子さんが今度高校に上がり、野球をやっているなど把握できているからです。

このように相手の情報を把握しておけば、何を話したらいいかわからないという悩みもなくなります。また相手からの印象も「こちらの話したことをきちんと覚えてくれているな」と好印象になります。

普段、営業をしていると、お客様と話した内容をノートなどにメモすると思います。日報に記入することもあるでしょう。

これは次回の訪問、受注につなげるヒント、あるいは宿題、お客様の動向のマーケティングのためでもあります。実は雑談の内容までメモしている人はいません。だからこそ相手の話した内容、しかも雑談に関して覚えておくと希少価値があるのです。

「雑談ノート」でコミュニケーション力がグンとアップ!!

なお、この雑談ノートですが、お会いしたお客様別に書くのもいいのですが、そうすると膨大なノートの数になってしまいます。

私は管理が悪いので、どこにそのノートがあるのだろうかと探してムダな時間を使ったりしてしまう可能性があります。

そこでこのようなノートは一冊だけにして、時系列にして色々なお客様とした内容を書いていくと思います。

そうすると、手帳などのスケジュールを見ながら、A社の伊藤社長とは前回、このような雑談をしたななんて思い出せるのです。

ぜひ、このような雑談ノート作成してみてください。

雑談で上司をマーケティングしよう

当たり前の話ですが、人は自分に貢献してくれた人を評価します。

仮に営業成績は優秀だけど、自分の仕事が終わったら帰ってしまうAさんと、営業成績は悪くないがAさんには劣るBさん。

しかし、Bさんは自分の仕事が終わっても、上司に何か手伝えないかを聞いてくる。

この場合、Bさんの方が高い評価を受けるのではないでしょうか。

実際のところ、高い評価を受けている人はたいてい「上司マーケティング」がしっかりできています。上司に貢献できそうなことはないかをマーケティングしています。

例えば、部長はパワーポイントが苦手かもしれません。または、抱《かか》えている資料作成の仕事を部下に任《まか》せたいけど不安と思っているかもしれません。あるいは、ダイエットをしたく思ってスポーツジムにきちんとしたトレーナーをつけながら通いたいと思っているかもしれません。

意外に上司の方からやってほしいけど言い出しにくいことってあるはずです。パワーポイントが苦手とは部下に弱みを見せるようで言いづらいと思っているかもしれません。

または、資料作成を任せるくらいのスキルを持っているかまで把握できてないのかもしれません。

評価される部下は今、上司が抱えている悩み、あるいはやってほしいことをしっかりマーケティングができています。

では、どうやってマーケティングをしているのでしょうか？

それは、雑談によって相手のニーズを測っているのです。

「ちょっと手が空いたのですが、何か手伝えることはありませんか？」と単刀直入《たんとうちょくにゅう》で貢献をしようとするのです。

また、日々の業務の際、上司のデスクに行き、こんな便利なパワーポイントの使い方、関数がありますよなどと、お伝えしていくのです。上司も人間です。基本、自分に近寄ってくる、困った仕事を把握して手伝ってくれる部下には好感を持つものです。

困ったときのホウレンソウもしやすくなるでしょう。

だからこそ、意識的に雑談をして上司をマーケティングしていく必要があるのです。

雑談で部下のバロメーターを把握しよう

雑談は部下の状態を知ることもできる武器です。
そのためには、雑談から部下をマーケティングしましょう。

例えば月曜日でしたら、次のような会話をするといいでしょう。
上司「おはよう。週末はいい天気だったね。どっか行ったの？」
部下「ええ。釣りに行きました」
上司「おお！　釣りいいね！　海釣り、それとも川？」
部下「川です。バスを釣ってます」
上司「バスか。本格的だね。どのくらいの頻度で行っているの？」
部下「月に1回は行ってますね」

この部下のバロメーターは「釣り」です。

モチベーションが落ちていて心理状態が悪そうな場合も、「最近、釣りに行っている？」と聞くことから始められます。

ここで「行ってますよ」と言えば、まだ最悪の状態ではありません。もちろん面談でケアはしたほうがいいですが。

ただ、「いやもう行かないですね」なんていうと、「これはまずいな」ということになります。部下の趣味は把握しておいたほうがいいのです。

また「食事を抜いていないか」「夜更《よふ》かしをしすぎていないか」も雑談で見抜くことができます。この場合、「最近、お昼はどうしてる？」「いつも何時に寝るの？」なんていきなり聞くと、なんだか取り調べをされているのではないかと部下が勘《かん》ぐってしまいます。

こういうときは上司が先に自己開示してから質問するのがいいでしょう。

「俺はさぁ、最近雨が多いから、つい、お昼は向こうの『柳亭』の弁当で済ませているけど、○○君はお昼はどうしてるの？」

「いやぁ、お昼を食べた後は眠くなるよね。昨日たまたま読書していたら遅くなっちゃって、○○君は普段何時頃寝ているの？」などと第3章でもお話しした「眠いネタ」を使うのもいいでしょう。

上司が隙《すき》を見せずにいきなり質問すると、部下もどう答えていいか躊躇《ちゅうちょ》しますが、少し隙を見せて質問すると部下は正直に答えるようになります。

「いやぁ、昨日ワールドカップのスペイン戦を観ていて遅くなっちゃって」などと言ってくるでしょう。

人によっては上司は隙を見せてはいけないと言いますが、部下の本音を知り近づくためには、少し隙を見せたほうがいいでしょう。

肝心な仕事の部分できちんとできていて、理不尽な命令や叱責《しっせき》などをしていなければ、部下から舐《な》められることはありません。

雑談を通して部下をマーケティングし、時には部下の状態を雑談によって把握するといいでしょう。このやり方を私は人材定着に悩む方々にお伝えしていますが、早期に辞意を発見して問題解決につながったなんてお話も聞いております。

相手のバイオリズムを知っておこう

忙しかったりして雑談をしたくないなという気分になるときもあるでしょう。

そんな状態のとき、仕事に関係のない話をされても、話に応じる気にはなれません。

自分でもそうなのですから、他の人もそうです。

第1章で相手が機嫌悪そうで、雑談をしたがらない場合でも、自分自身には要因はないと書きました。その通りです。

ただ、何度も会っている相手なら、相手の特徴を把握しておいて、「今は雑談は避《さ》けておこう」などと考えることもできます。

例えば、上司のAさんは次のようなときは機嫌が悪いから、雑談は避けておこうとかあらかじめ準備しておけるのです。

・月曜日の朝　　　　休み明けで対応が必要なメールや書類の量が多い
・水曜日の14時～16時　取引先B社への週次報告書の作成の時間
・木曜日の午前中　　早朝に経営会議があり、部長に呼び出されることが多いため
・金曜日の17時以降　週次の業務報告書の作成および翌週に仕事を残さないため
・毎月11日～12日　締めが10日であり、入金チェックをしなくてはならないため
・毎月17日～18日　経営会議資料作成のため

一般的に月曜日の午前中あるいは休み明けの午前中は忙しいので、雑談をする余裕はなかなかないものです。

あるいは夕方の退社時間の前、金曜日の午後あるいは休みに入る前の午後なんかも同じです。

なお、一般的には席を立ったタイミングはよくないけど、デスクに戻ってきたタイミング、あるいは電話や面談、会議の直後なんかもほっとしていて雑談しやすいタイミングでしょう。

話しかけるタイミングを考えよう

仕事において頼みごとや企画を通したいとき、上司の機嫌のいい時間に相談するのがいいというのは定説です。雑談も同じです。

なお、仮にこの時間帯でも、普段は雑談しているのだが、話しかけたら面倒くさそうな対応をされたという場合はたまたまです。その場で「お忙しいところすみませんでした」とサラッと謝って離れればいいだけです。

たまたま何か仕事が発生したか、気分的に乗らなかっただけのことがほとんどです。あまり悩む必要はありません。

私がセミナーなどで雑談が苦手という方と接していると、どうやら「雑談する勇気がない」という方が一定数いらっしゃいます。

一度そっけない態度を取られたりしても、必要以上に気にしないことです。気にしすぎて話しかけられないのが一番よくありません。

親しくなるためのグッズ活用術

一緒に食事をすると、何だかその人に近づいた気がしますし、満足感があるので、相手は頼みごとを引き受けてくれやすくなるという特徴があります。心理学用語でこれを「ランチョンテクニック」と呼んでいます。

「だから飲みに行こう」という人が多いのですが、お酒が好きでない人もいますし、最近では夜は勉強の時間にあてる人もいます。また家族との関係上、飲みに行くことができないという人もいます。

また、酒の時間は飲める人には至福のときですが、飲めない人にはつらいひとときでもあります。

昨今ではタバコを吸う人がかなり減ってきてはいますが、以前なら喫煙室で雑談をし、距離を縮《ちぢ》めるということもありました。ちなみに私はタバコはずっと吸っていませんが、わざと喫煙室に一緒に行って、雑談をしていたこともあります。

自然と親しくなるために、グッズを使うという方法があります。

①　飴ちゃん作戦を用いる

午後の眠くなりそうな時間帯に「飴《あめ》どう？」「フリスクどう？」などと相手に勧めるのです。ほっと一息つけますし、「ありがとうございます」「シャキッとしますね」など相手から会話のフックが来ますので、いいでしょう。

差し入れで缶コーヒーなどを渡すのもいいでしょう。

ただし、この場合「ある人には渡したけど、ある人には渡さない」といった問題が起きてしまうと逆効果なので、部署単位でみんなに手渡すのがいいでしょう。

なお、あまりに高価なものですと、「何か裏があるのではないか」「何か無理難題を頼まれるのか」と相手が警戒する可能性があるので、何かを手伝ってもらったという明確な理由がない限りは安価な飴ちゃんがいいでしょう。

②　お土産を配る

休暇で旅行に行ってきたり、出張から戻ってお土産《みやげ》を渡すのも効果的です。

ただし、この場合、注意が必要です。

つい事務の方にお願いしたり、配ってくれそうな人に「みんなに配って」とお願いしてしまいがちですが、これはやめたほうがいいでしょう。

「本当は渡したいのにたまたまいない人の分がなくなってしまった」「関係の薄い部署の人がたまたまお願いした人のデスクに寄って持って行ってしまった（こんなことを気にすると小さい人間のように見えるが、そもそもお土産はあまり箱に入っている個数が多いものがないから足りなくなってしまう）」なんてこともあります。

また、お願いした人が「また私に雑用させて」と思うケースもありますし、その人個人に渡しているのではないかと他のメンバーが嫉妬《しっと》する可能性もあるからです。

では、どうしたらいいでしょうか。

一つずつ相手に配って歩くことです。そうすることで、普段あまり雑談しない方とも、雑談するチャンスが生まれるわけです。

一つずつは小さくても構《かま》いません。席を回ることが大事なのです。また離席している人にはデスクに置いておくよりも、面倒ですが自分のところに持ち帰り、後で直接手渡すほうが雑談の広がりも期待できます。

なお、お土産は定番モノより、少しマニアックなものがいいでしょう。ただし味は普通のものにしましょう。そうでないと、食べられない人が出てしまうからです。

もう一つ、若手メンバーや事務スタッフがどういうことに興味を持っているかを把握するためにやるといいのが、雑用です。

かつて私はチラシのセッティングやＤＭの封入などを部下に任せたままにせず、時に一緒になって行っていました。

このような単純作業はワイワイやるほうが、効率もいいものです。

そのときにじゃあ飲み物を買ってくるかと言ってお茶や水を配るのもいいでしょう。なお、この際一人一本の５００mlペットボトルで配るのではなく、１・５リットルのペットボトルを買ってきて、紙コップに入れながらそれぞれに渡すといいでしょう。

お酒の席でビールをつぐように、紙コップをそれぞれに渡しながら「○○してくれてありがとう」と、ねぎらいの言葉をかけると、雑談のフックにつなげやすいからです。特に普段あまりコミュニケーションがとれていない人には効果的です。

地域ネタはこれだけ押さえれば大丈夫

私はコンサルタントとして講師として、全国で仕事をする機会をいただいております。

そこで、盛り上がるために準備しておいたほうがいいことをお伝えいたします。

全国に出張することがない方でも、相手の出身地を聞いたときに使えます。

① その土地の名産品・名物を調べておく

私は現地に行く前に、その土地では何がおいしいかを調べます。

例えば、秋田県の大館《おおだて》市に伺ったときは「きりたんぽ」、同じく秋田県内の湯沢《ゆざわ》市では「稲庭《いなにわ》うどん」を話題にし、時間があるときはどこかいい店はないか聞いています。

時間がないときは、名物のなかでも、駅の近くとかでサッと食べられるお菓子、ラーメンなんかを話題にします。

食の話題は老若男女問わず通じるので、安心です。

また、食べ方、好きなお店などそれぞれがこだわっている部分があるので、盛り上がりやすくなります。

たまに、「大したことないですよ」なんて言われる場合もありますが、その場合も決して相手は気分を害しているわけではないので、「えっ、そうなんですか！」といったリアクションで済ませればいいかと思います。

なお、どんなに名物であっても、嫌いなものの話題には触れないのがベターです。「食べに行こうか」などと言われる可能性もあります。

また、相手を刺激するようなネタ、例えば広島に行って「大阪風のお好み焼きはこうですが」などとライバル視している可能性のある他の土地の食ネタは避けたほうがいいでしょう。

②　出身の有名人を調べておく

「○○さん、こちらの街のご出身なんですよね」このネタも盛り上がりやすいです。その際、次の点を注意するようにしましょう。

・実際に知っている人をネタにする

例えば私は野球やサッカーは詳しいのですが、ラグビーやスキーにはあまり詳しくありません。あるいは芸能界のネタも詳しくありません。

よって名前は聞いたことあるけど、よくわからないという人のネタは基本的に避けるようにしています。

「○○に最近出てますよね」なんていう答えが返ってきたとき、対応ができないからです。

・その人と近い世代の方をネタにする

私は雑談術の公開セミナーをするとき、人を4つのタイプ（支配者タイプ、分析家タイプ、補助者タイプ、発明家タイプ）に分けてお話ししています。

その際、参加者の属性によって人物の例を変えるようにしております。

例えば、年配の方が多い場合は、その方々と近い世代のスポーツ選手や監督、歴史上の人物です。

一方で若い世代が多い場合は、やはりその方々と近い世代にします。

なお、まれにその方のアンチである場合がありますが、この場合は、「あっ、失礼しました」でサラッとすませれば問題ないでしょう。

実際、ある街でその町出身のスポーツ選手の話をしたら「あの選手、ちょっと言動がね」と言われたことがあったので、「失礼しました」でサラッと話題を変えたことがありますが、相手はあまり気にしている様子ではありませんでした。

また、スポーツの球団に関しては地元であっても話題にしないほうがいいでしょう。

・歴史上の人物や名所の話をすると勉強しているなと思われる

歴史上の人物やお城、「〇〇の戦いがあった場所ですよね」といった話は、相手への印象がよくなります。「よくご存じですね」と言われることが多々あります。

嬉しそうにその名所のパンフレットを出したり、インターネットから資料を検索して印刷してくれたり、帰りにそのお城の前を通ってくれたりなど好印象です。

ただし、政治家の話は支持政党の違いなどがあるので触れないほうがベターです。

③ Wikipediaで市町村単位で検索する

スマートフォンで検索する場合は都道府県単位ではなく、市町村単位にするといいでしょう。都道府県単位で検索すると、情報がたくさん出てきてしまうので、調べるのに手間がかかってしまいます。

また都道府県によっては東部と西部、山地区と海地区などが分かれているところがあります。特に江戸時代に複数の藩があった場合、同じ都道府県でもその地域は地元と感じな

地域ネタで盛り上がるための準備をしよう

い人がいるからです。

私がよく使っていた技で、会食やパーティーなどで会った人の出身地を聞いたとき、その場でいいネタが浮かばず、後々こっそりお手洗いなどで席を外して調べてきて「あっ、今思い出したのですが。そういえば福知山《ふくちやま》市って△△さんがご出身なんですね」などと話題をふったこともあります。

④　年配の男性には高校野球ネタを

かつては少品種大量生産の時代でした。スポーツと言えば野球でした。プロ野球は見ないけど、高校野球は見るという人は少なくありません。高校野球は県単位で盛り上がります。その年の出場校、その地域の強豪校のネタは仕入れておくといいでしょう。

雑談トレーニングができる4つの場所

雑談上手になるには、やはり知らない人とたくさん話すことです。

特におススメしたいのが、次の4つの場所です。

① タクシー

私は会社員の頃、全国を回る仕事をしており、営業車がなかったため、よくタクシーに乗っていました。そのようなケースではかなり雑談をしていました。

最初のうちは慣れていなかったので、いくつか最初のフックを準備していました。

まずは、天気の話です。

「今日は暑いですね」「雨降りますかね？」といった内容です。

普通の人に話しかけたら一往復で終わってしまう話も、タクシーの運転手さんの多くは雑談のプロなので、何らかのプラスアルファが返ってきます。

しかも「お客さん、今日はどちらから」といったこちらの返しやすい内容が入っていたりします。特に自分の生活圏以外の場所に行くと言葉やイントネーションが違うので、地元の人間でないことが瞬時に相手にわかるわけです。

次に使うのが「初めて行く場所なのですが、どのくらい時間かかりますか？」です。もちろんインターネットで車で5分などと出ていますが、実際、道路事情もあり変わることは少なくありません。

あるいは「混んでいますか？」でもいいでしょう。

運転手さんは「お急ぎですか？」と返してくれます。

単純な内容の会話で雑談は十分にできるのだなということを身をもって知ることができます。

またタクシーの運転手さんにその土地で一番おいしい店、地元で一番人気のあるスポット、賑《にぎ》わっている場所なんて聞いてみるのもいいでしょう。その後の雑談のネタになります。

景気の状況などにも敏感です。

「○○の業種の人は儲かっているみたいだな」とか「最近○○社はチケットが出なくなったみたいだよ」なんて教えてもらえます。

その他、深夜の長距離タクシーではここには書けないような裏情報を聞けたこともありました。

私はタクシーは「時間を買う」とともに「情報を得られる場所」と思っております。

② 美容師・理容師の方々

美容師や理容師の方々も、雑談のプロです。なんせカットする場合、約1時間はその人と接しますし、パーマやカラーをすれば2時間から3時間いることもあります。

昨今では雑談をしたくない人もいるということで、初めて来店する方に「雑談はしたいですかorしないですか」などとアンケートに質問が入っているところもあります。

このように書けるくらいですから、雑談には慣れています。

髪の毛のカットはひと月に1回くらいは行くわけですから、いい雑談の練習場です。

何よりも美容師さんは色々な業種の方と接しているので、話題が豊富です。また職業柄、流行《はや》りの情報などにも長《た》けています。

③　スターバックスの店員さん

スターバックスコーヒーでは注文してから飲み物が出てくるまで少し時間がかかります。お客様の好みにモノによっては対応してくれるからです。何よりもいれたてのコーヒーを提供するようにしているのでしょう。

私は出張先でよく待っている間にスターバックスの店員さんに「この辺で行っておいた方がいい名所とかどこですか？」なんて聞いたりしています。店員さんは丁寧に色々教えてくれます。

スターバックスは「サードプレイス」という概念を持っており、お客様にくつろぎの場所を提供しようという趣旨があるので、滞在時間を短くして回転率を高めようとしているお店とは違います。もちろん長居して迷惑をかけるのはスターバックスさんでもよくないですが。

その他、スポーツジムに行っている人はトレーナーに話しかける、歯医者に通院している人は受付で世間話を少しするなどの方法もいいでしょう。

長々と話す必要はありません。さらっと一往復か二往復で終わってしまうこともあるでしょう。それでもいいのです。雑談をするという習慣にはなります。気負わずチャレンジしてみましょう。もちろん話しかけないでオーラを出している相手や、行列ができているときは、長々と話さないほうがいいでしょう。

④ 交流会やセミナーに参加する

最近ではSNSなども浸透し、以前より交流会やセミナーもお手軽に参加できるようになっています。もちろん参加者も玉石混交《ぎょくせきこんこう》で、会によっては勧誘目的の人ばかりいる場合もあります。それでも最初のうちは仕方ありません。勧誘は断ればいいだけです。初対面の人との会話に抵抗がなくなるでしょう。

なお、立食パーティーなどでは、一人ぼっちの人に声をかけるといいでしょう。その場合、「よく来るんですか」「こちらにいらしたのはどんなきっかけですか？」といったプライベートに入り込みすぎないのがいいでしょう。

著者略歴

雑談セミナー講師、人材育成コンサルタント。

一九七〇年、東京都に生まれる。成城大学卒業後、大手旅行代理店を経て学校法人、外資系専門商社、広告代理店の三社にて管理職を経験。外資系専門商社在籍時に「怒ってばかりの不器用なコミュニケーション」で二度の降格人事を経験。その後、コミュニケーションを学び、劇的に営業成績を改善し、再びマネージャーに。再昇格後は「部下を承認するマネジメント」により、離職率を一〇分の一とし、売上げも前年比二〇%増を続け、三年連続ＭＶＰに選ばれる。

二〇一一年にリフレッシュコミュニケーションズを設立。経営者・中間管理職向けに、人材育成、チームビルディング、売上げ改善法を中心としたコンサルティングと全国の商工会議所等で雑談セミナーを行っている。

著書には、ベストセラー『リーダーの一流、二流、三流』『部下がきちんと動くリーダーの伝え方』(明日香出版社)、『部下のやる気を引き出す　上司のちょっとした言い回し』(ダイヤモンド社)などがある。

誰《だれ》でもすぐ使《つか》える雑談術《ざつだんじゅつ》

——初《はじ》めのひとことがうまく言《い》えるコツ

二〇一八年七月八日　第一刷発行

著者　吉田《よしだ》幸弘《ゆきひろ》

発行者　古屋信吾

発行所　株式会社さくら舎　http://www.sakurasha.com

東京都千代田区富士見一-二-一一　〒一〇二-〇〇七一

電話　営業　〇三-五二一一-六五三三　ＦＡＸ　〇三-五二一一-六四八一

編集　〇三-五二一一-六四八〇　振替　〇〇一九〇-八-四〇二〇六〇

装丁　長久雅行

イラスト　ねこまき(ミューズワーク)

印刷・製本　中央精版印刷株式会社

ISBN978-4-86581-155-1

●リフレッシュコミュニケーションズ

http://yukihiro-yoshida.com/

さくら舎の好評既刊

山口謠司

文豪の凄い語彙力

「的皪たる花」「懐郷の情をそそる」「生中手に入ると」……古くて新しい、そして深い文豪の言葉！　芥川、川端など文豪の語彙で教養と表現力をアップ！

1500円（＋税）

定価は変更することがあります。